ANDRE DREUX

Nos Soldats Aveugles

AVEC UNE PRÉFACE DE

MAURICE DE LA SIZERANNE

Dix phototypes

ASSOCIATION VALENTIN HAÜY

Pour le Bien des Aveugles

9, RUE DUROC, PARIS

1915

Nos Soldats Aveugles

COULOMMIERS

Imprimerie PAUL BRODARD

PRO PATRIA
œuvre du statuaire A COLLE offerte par l'auteur
A L'ASSOCIATION VALENTIN-HAUY

ANDRE DREUX

Nos Soldats Aveugles

AVEC UNE PRÉFACE DE

Maurice DE LA SIZERANNE

Dix phototypies

ASSOCIATION VALENTIN HAUY

Pour le Bien des Aveugles

9, RUE DUROC, PARIS

1915

PRÉFACE

Dans les journaux, lorsqu'on parle des soldats aveugles, c'est leur silhouette, leur attitude physique qu'on décrit principalement Moi, je suis surtout préoccupé par le drame psychologique qui se passe en eux. Pour une nature fine et vibrante, la suprême épreuve n'est-elle pas, à vingt-cinq ans, d'aimer de tout son cœur, d'être prêt à se donner tout entier, et de sentir que par suite d'une infériorité qu'on tient pour une déchéance, infériorité grave sans doute, mais purement physique, on sera obligé de garder silencieusement inutilisé, au fond de soi, le trésor de tendresse, de dévouement qu'on aspirait a donner?

Certes, tout ce que Dieu fait est bien fait, et sa Providence connaît mieux que nous le « tracé » que doit suivre pour avoir quelque fécondité le filet d'eau de notre pauvre vie. Mais, à vingt-cinq ans, peut-on comprendre cela? Et alors, quelles tortures morales s'ajoutent à l'entrave physique, en pensant qu'on ne pourra plus faire un pas hors d'une certaine zone sans l'assujettissement, l'esclavage d'un guide! Quelle accablante tristesse, quel anéantissement des meilleures espérances du cœur rendent plus dur l'adieu aux jouissances apportées par les yeux!

Sans doute, pour le nouvel et tragique aveugle, il reste encore, dans une matinée de printemps, la fraîcheur parfumée de l'air, la vive et chaude impression du rayon de soleil, le

chant des oiseaux et les mille jolis bruits de la
nature. Mais cela pourra-t-il lui faire oublier
la grande fête de la lumière? Sans doute, il en
arrivera, comme nous, à retrouver des souvenirs, associés, mêlés à des impressions d'atmosphère, à des parfums, à des sonorités qui,
ensuite, les rappellent avec une intensité très
grande, parfois poignante :

> Je ne la vois plus la splendeur des roses,
> Mais le Ciel a fait la part de chacun.
> Qu'importe l'éclat, j'ai l'âme des choses.
> Je ne la vois plus la splendeur des roses,
> Mais j'ai leur parfum [1].

En ce matin de juin où, loin de Paris, j'écris
ces lignes, l'oiseau qui, sans plus se soucier de
ma présence ni du bruit de mon poinçon que de
cette effroyable guerre, chante tout près de

1. Bertha Galeron de Calonne, *Dans ma nuit: Qu'importe!*

moi, en ramenant tout à coup ma pensée aux
années de jeunesse, fait renaître dans mon
pauvre cœur, déjà si attiédi, un « fouillis » de
souvenirs qui l'oppressent douloureusement et
qu'il craint cependant de chasser, tant on aime
malgré soi cette délicieuse souffrance. Souvenirs
d'impressions antérieures évoquées, réveillées
par un détail souvent insignifiant de l'heure
présente? Je ne sais, mais qu'importe?... C'est
confusément que l'on sent ces choses. Et puis,
lorsqu'il s'agit de l'imagination et du cœur, la
précision est-elle bien nécessaire? Est-ce qu'en
ce monde les choses les plus prenantes se défi-
nissent très bien? Rêve et réalité, impressions
présentes et souvenirs, tout se confond un peu.
Charmant ou cruel, l'enchantement, d'ailleurs,
est court. Sachons le saisir lorsqu'il renaît,
sans chercher indiscrètement et égoïstement à
le fixer lorsqu'il s'évanouit. Ne pas être égoïste
est encore le plus sûr moyen de garder la

parcelle de poésie et de bonheur qui nous est
dévolue.

*
* *

Voici l'un de ceux que Lavedan appelle « les
grands martyrs de la Guerre ». Atteint aux
yeux par un éclat d'obus, quand ses camarades le relevèrent, il ne voyait plus rien....
Transporté d'abord, tant bien que mal, au
poste de secours, il est bientôt évacué sur les
formations sanitaires de l'intérieur. Alors
viennent les longues journées d'hôpital et, pour
ses pauvres yeux, les diagnostics bénins et opti-
mistes : « C'est l'effet de la commotion; ce ne
sera pas grave; la vue reviendra peu à peu
grâce à un traitement d'électricité. Nous allons
vous diriger sur un hôpital où on soigne spécialement les maladies des yeux.... » Il écoute
tout cela, il veut bien espérer, il a des heures,
des jours d'espoir. Mais, souvent aussi, trop

souvent pour son pauvre esprit désemparé, la terrible question se pose de plus en plus tenace : « Et si la vue ne revenait pas?... »

Oh! ce n'était pas que le brave garçon aspirât à une destinée bien extraordinaire. En juillet dernier, assis à sa table d'architecte, il ne rêvait ni la fortune ni la gloire. Mais, intelligent, laborieux, rangé, il avait le droit d'espérer ce qu'on appelle « un bon avenir »; fiancé depuis quelques mois, il espérait surtout « vivre son rêve »... et voilà que ce rêve s'évanouit.

Elle, depuis le jour de l'adieu, vivait dans l'attente de ses lettres. Chaque soir, elle était aux prières instituées depuis la guerre, à cette heure où tant de mères, femmes, filles et sœurs si anxieuses viennent parler à Dieu des absents, où il suffit d'entrer dans une église pour respirer une atmosphère de ferveur intense. Quelques lettres vinrent, affectueuses, encoura-

geantes; puis elles cessèrent, plus rien : ce fut le silence, l'extrême angoisse.

C'est que, depuis sa blessure, il ne pouvait plus écrire et il ne voulait pas faire écrire, car il se disait : « Si je ne dois jamais retrouver la vue, j'aime mieux qu'elle me croie mort.... » Gai autrefois, il devenait sombre, silencieux, demandant à passer de longues heures seul, sur un banc du jardin de l'hôpital, au lieu d'essayer de se distraire avec les camarades.

L'ombre, la certitude de l'ombre le gagnait de plus en plus; c'était bien la « grande nuit », la fin du rêve.

C'est alors qu'il reçut la visite d'une amie des aveugles, connaissant de longue date tout ce qui les touche, et prête, par là même, à le réconforter, à l'encourager en lui parlant de ce qu'un homme énergique peut faire sans la vue. Elle prit toutes les précautions. eut toutes les délicatesses qu'un cœur de femme sait trouver. Il faut ordinairement de longues causeries, bien amicales, abordant des sujets très divers, avant que se détende un cœur contracté par le chagrin et que les confidences puissent sourdre goutte à goutte; si parfois elles jaillissent tout à coup, c'est sous la poussée d'une émotion subite, mais résultant d'une lente et souvent inconsciente préparation.

La confidence vint enfin.... « C'est fini, je ne veux plus y penser. Peut-être ne voudrait-elle plus de moi.... D'ailleurs, elle voudrait, que ce serait une folie de ma part : je ne peux pas, je ne veux pas la condamner à une vie de misère. »

Alors furent cités les exemples précis, nombreux, circonstanciés, avec noms à l'appui, d'aveugles qui, ayant perdu la vue en pleine

force, en pleine activité, ont pu, aidés et
appuyés par une Œuvre qu'a perfectionnée
l'expérience, s'initier à une nouvelle profession,
l'exercer fructueusement, se marier, élever des
enfants, tout cela non sans labeur, mais avec
les joies intimes du foyer.

L'un de ces aveugles, bien fait pour servir
d'exemple, lui fut amené, apportant un guide-
main pour faciliter l'écriture et une méthode de
lecture Braille. Et peu à peu, il se remit à
attendre encore quelque chose de la vie, confusément d'abord, plus nettement ensuite. Il finit
par admettre que, comme tel et tel, il arriverait
à refaire la sienne. Il a l'oreille musicale, beaucoup d'adresse de main : l'accordage des pianos
pourrait donc devenir son lot. On lui a parlé
d'accordeurs ayant réussi à créer un petit
magasin, modeste d'abord, prospère ensuite,
que leur femme fait valoir.

Un jour, enfin, après avoir longtemps médité,

*il se décida à écrire au crayon à sa fiancée, lui
annonçant sa blessure, lui disant que, « bien
entendu, il lui rendait sa parole, comprenant
très bien qu'il était impossible pour elle
d'épouser un aveugle.... »*

*La réponse se fit peu attendre; elle fut ce
qu'on pense, un transport de joie : « Dieu soit
loué! vous êtes vivant; avec ou sans vos yeux,
je suis et resterai toujours toute à vous. »*

*En achevant d'entendre cette lettre, il dit
simplement : « Maintenant, cela ne me fait plus
rien d'être aveugle ». C'était la première fois
qu'il prononçait ce mot.*

*L'espoir renaissait en lui. Dieu veuille qu'il
en soit de même pour tous les soldats qui ont
payé de leurs yeux le salut du pays!... C'est
pour les encourager, eux et tous ceux qui s'intéressent à leur tragique épreuve, qu'un ami des
aveugles, homme de cœur et de talent, que je*

tiens à remercier ici, a écrit ce touchant volume si rempli pour eux de raisons d'espérer.

MAURICE DE LA SIZERANNE,
Secrétaire général de l'Association Valentin Hauy
pour le Bien des Aveugles

Nos Soldats Aveugles.

Parmi les innombrables « mutilés de la
guerre » ils sont de ceux dont l'infortune
suscite un des plus vifs courants de sympathie
et de pitié. Quand l'un d'eux passe dans les
rues, au bras d'un clairvoyant, les gens
s'arrêtent, frappés d'une émotion soudaine et
le suivent d'un regard prolongé. Beaucoup
saluent d'un geste respectueux et grave. On
sent, chez tous, comme un élan spontané de
commisération et de tendresse, un besoin, que
seule la discrétion réprime, d'aller vers lui, de
lui serrer les mains, de lui balbutier quelque
chose qui puisse alléger sa peine. Il laisse

1

derrière lui, dans la foule, comme un sillage
de tristesse, et il ne voit rien de tous ces
visages muets, où s'exprime une si ardente
compassion. A quoi songe-t-il tandis qu'il
poursuit sa marche dans les ténèbres, aban-
donné à son guide? Il est jeune, dans le plein
épanouissement de ses forces physiques et
morales, et le malheur qui le frappe, il n'a
point eu le temps de s'y préparer. Il ne l'a
pas vu venir peu à peu, au cours d'une lutte
contre la cécité menaçante. Ses yeux n'étaient
pas affaiblis par la maladie ou par l'âge. Il
n'était pas averti; il n'a pas pu faire l'apprentissage de son malheur. Brutalement, d'un coup
sec, il est passé de la lumière aux ténèbres; il
est emmuré dans la nuit!

C'est pour la plus noble des causes qu'il
subit cette tragique épreuve. Il le sait, il ne
l'oubliera pas. Devant le magnifique sursaut
d'héroïsme qui fait tressaillir la France entière,
devant tous les exemples d'abnégation donnés
par nos soldats, qui mesurera la force d'endu-

rance et de consolation que peut puiser
l'aveugle dans le sentiment de son sacrifice,
de son immolation pour le salut du pays? Mais
si nous n'avons pas le droit de douter de cette
force, elle ne doit pas, non plus, nous dissi-
muler l'immensité du sacrifice. Puis, la résignation n'est pas l'œuvre d'un jour. Elle ne
peut être qu'une adaptation, une conquête plus
ou moins lente, traversée de longues heures
de tristesse et de découragement. L'épreuve
de nos soldats aveugles est encore trop récente
pour qu'ils ne connaissent plus ces heures
douloureuses. C'est maintenant, au contraire,
que la lutte au fond d'eux-mêmes doit être le
plus rude entre le souvenir de leur ancienne
vie et la pensée de celle qui les attend.

Ils sont déjà des centaines. Ils seront peut-
être des milliers. « Balles, éclats d'obus vidant
les yeux, graviers, débris de toutes sortes pro-
jetés sur le visage, brûlures provenant d'explo-
sions, commotion résultant d'un simple passage
du projectile, etc., enfin, blessure singulière et

relativement fréquente, une balle atteignant
exactement la tempe et traversant la tête sans
tuer le blessé, mais tranchant le nerf optique :
jamais aucune guerre n'aura fait tant d'aveugles[1]. »

Si l'on en trouve parmi eux qui, dès maintenant, acceptent la cécité avec beaucoup de courage, c'est un fait que la plupart sont fort
tristes. Ils s'inquiètent du genre d'existence
qui les attend. Plusieurs avaient déjà un bon
métier, une carrière avantageuse, des espérances d'avenir; tout est perdu pour eux; c'est
une vie à refaire.

Refaire une vie, s'en croient-ils capables?
Et qu'en pensent ceux-là mêmes dont ils
excitent si justement la compassion? N'est-il
pas à craindre que, dans leur propre opinion, et
dans l'opinion de beaucoup de ceux qui les
plaignent, ils ne doivent plus être désormais

1. *Pour les Soldats aveugles*, notice publiée par l'Association Valentin Hauy.

que des « épaves » de la vie sociale, des inutiles
ne pouvant plus rien tirer d'eux-mêmes et
réduits à tout attendre des autres? C'est une
erreur que, dans l'intérêt même de nos soldats
aveugles, il est nécessaire de combattre. La
laisser prendre racine chez eux, c'est accroître
démesurément leur infortune, puisque c'est les
priver des nombreuses ressources matérielles
et morales que leur infirmité ne les empêche-
rait pas d'acquérir. Laisser cette même erreur
persister dans le public, c'est rendre, en grande
partie, stérile la sympathie qu'il éprouve pour
nos malheureux soldats, puisqu'il ignore comment et avec quel succès on pourrait leur
venir en aide.

Il existe, en un mot, une rééducation de
l'aveugle. Elle peut atténuer notablement les
inconvénients physiques et les souffrances
morales résultant pour lui de la cécité. Cet
homme qui paraissait condamné à l'inaction,
à l'oisiveté, elle l'armera de nouveau pour la vie,
moins bien, sans doute, que ne l'est un clair-

voyant, mais assez pour assurer complètement ou partiellement son indépendance et, ce qui n'est pas moins appréciable, lui conserver la joie du labeur accompli. Elle l'arrachera à la misère et au sentiment pénible de son inutilité. C'est le premier, le plus pressé et le plus important article de son programme. Ce n'est pas le seul. Dans bien des cas, elle ouvrira à l'aveugle ou lui maintiendra ouvert le domaine des jouissances désintéressées de l'esprit; elle lui permettra de continuer et d'étendre sa vie intellectuelle et artistique, de devenir ou de rester un homme cultivé. Voilà ce qu'il ne faut pas laisser ignorer à nos soldats aveugles.

C'est, toutefois, avec la plus grande prudence, avec beaucoup de ménagements, qu'il convient de leur proposer cette œuvre de rééducation. Beaucoup d'entre eux, sinon la plupart, espèrent recouvrer la vue à la suite d'un traitement plus ou moins prolongé. Il serait donc cruel et moralement dangereux de les détromper trop tôt et trop brusquement. « C'est en cau-

sant avec eux de toutes sortes de choses, qu'on
pourra peu à peu leur parler des procédés qui
permettent aux personnes dont la vue est
fatiguée, de se distraire en jouant aux cartes,
aux dominos, aux dames..., d'écrire au crayon
sans regarder, et même de lire, grâce à des
caractères en relief. Puis, quand ils en viennent d'eux-mêmes à exprimer la crainte de ne
pas retrouver l'usage complet de leurs yeux,
de ne pouvoir reprendre leur ancien métier, il
faut, tout doucement, leur parler des travaux
qu'on est encore capable d'exécuter avec une
vue réduite ou... éteinte. Il faut leur dire,
qu'en dépit des apparences, travailler sans les
yeux et avec le simple secours du toucher n'est
nullement une chimère, qu'il y a des difficultés,
sans doute, que le travail est plus lent, mais
qu'il reste cependant possible et fructueux. Il
faut surtout leur citer ce que d'autres sont
arrivés à faire, les mettre en contact, si cela se
peut, avec des aveugles intelligents, actifs,
adroits, dont les encouragements, et mieux

encore l'exemple, les persuaderont plus que
tous les discours [1]. »

Voici ce qu'écrivaient, à ce sujet, des personnes de grand cœur et de grande expé-
rience, Mlles T..., à M. Maurice de la Sizeranne,
fondateur et secrétaire général de l'Association Valentin Haüy pour le bien des aveugles. Filles d'un aveugle, ayant elles-mêmes
une vue très affaiblie, elles ont été des premières à visiter nos soldats et à leur prodi-
guer leur sympathie.

« Nous évitons toujours, avec n'importe
quelle personne privée de la vue, d'employer le
nom ou le qualificatif d'aveugle. Nous nous
servons de périphrases : « qui n'y « voit pas,
qui a mal aux yeux ». Cela nous semble moins
brutal, moins directement évocateur de toutes
les épreuves qui tiennent à la cécité. C'est
peut-être une subtilité. Il nous semble que,

---

1. *Avis aux visiteurs des soldats aveugles,* notice publiée
par l'Association Valentin Haüy.

pour certaines blessures morales, aucune délicatesse n'est superflue. Quand l'intéressé lui-
même, plus familiarisé, ne s'effraie plus du
mot et le dit le premier, alors, c'est différent :
« J'appelle un chat, un « chat », car il nous
paraît encore que, s'il faut autour de ces chers
êtres souffrants beaucoup de tact, des cœurs à
la fois maternels et amis, il ne faut pas moins
de virilité, et il convient de les exciter au courage en leur montrant bien qu'on les croit
vaillants et pleins de force d'âme. »

L'épreuve semblera, d'ailleurs, un peu moins
lourde, si l'on prend soin, dès le début, de faire
sentir au soldat aveugle toutes les ressources,
toutes les énergies physiques et morales dont
il continue de disposer.

« Dès que nous l'avons pu et que sa santé
l'a permis, lit-on dans la même lettre, nous
avons fait promener notre petit brigadier[1]. Il

---

1. Pagenel, brigadier au 3ᵉ régiment de chasseurs à
cheval. Voir ci-dessous, p. 98.

faut prouver pratiquement à ces jeunes gens, hier indépendants et vigoureux, libres de leurs mouvements, qu'ils ne sont pas désormais obligés de vivre sédentairement comme des vieillards, les conduire avec assurance, pour qu'ils aient confiance, et les faire marcher d'un bon pas pour les rendre le plus possible à la vie normale. La troisième fois que nous avons fait sortir ainsi Pagenel, en rentrant d'une promenade rapide et asssez longue dans la campagne, ses vingt et un ans nous ont dit : « Cela me rajeunit! » Nous en aurions pleuré... mais cela me dispense d'autres arguments. L'exercice pour eux, quand il est possible, c'est peut-être la meilleure distraction, parce qu'elle détend, à la fois, le physique et le moral. »

Il faut aussi leur faire la lecture.

« Pour cela, comme nos yeux, ces machines de luxe, nous refusaient leur concours, nous avons été beaucoup aidées par une de nos amies, et, chaque dimanche, les plus beaux articles de l'*Écho de Paris*, choisis parmi les plus élevés, les plus galvanisants, les plus nobles, étaient lus pendant des heures, dans la cour de l'hôpital, en variant, en soulignant, sans en avoir l'air, ce qui était propre à grandir le blessé devant lui-même.

« Quant à la manière de leur apprendre l'étendue de leur malheur, cela dépend surtout de la nature du blessé qu'il faut beaucoup observer....

« Un point sur lequel il convient, à notre avis, de revenir et d'insister avec infiniment de délicatesse, c'est que les aveugles ne sont pas du tout des infirmes, qu'ils le seront incomparablement moins que les blessés qui reviendront de la guerre avec des maladies organiques, qu'ils peuvent vivre comme tout le monde... et se marier.

« Dès les débuts, leur donner une canne, leur apprendre, sans insister, de crainte de leur faire sentir leur apparente infériorité, les dimensions approximatives de la chambre où

ils sont, le nombre de lits, de fenêtres, l'orientation, etc., pour qu'ils *voient* leur milieu, y
soient moins étrangers, et acquièrent ainsi un
peu de cette si nécessaire indépendance de
mouvements.

« Encore une nuance que nous observons
toujours : quand nous voulons leur faire connaître ou prendre un objet, nous le plaçons
exactement dans leurs mains en disant :
« Voyez » et non « Touchez », ayant souvent
observé que les aveugles emploient presque
toujours eux-mêmes le verbe voir. Nous évitons de décrire imparfaitement, avec des
gestes qu'ils ne peuvent saisir, par exemple :
« C'était grand comme ça » ; nous disons, pour
qu'ils aient immédiatement une idée juste de
ce dont on leur parle : « C'était haut comme
« une table, large comme les deux mains ».
Cela semble puéril, mais quand on se met
à leur place, comme l'on juge autrement,
comme l'on veut à tout prix qu'ils ne sentent
pas leur grande épreuve par ses petits côtés!

Aussi rien n'est plus à éloigner d'eux que la sympathie banale des imbéciles, qui croient qu'ils sont sourds parce qu'ils n'y voient pas et s'adressent aux personnes qui les conduisent, comme s'ils ne pouvaient répondre eux-mêmes. Fruits de l'expérience tout cela.... »

Tel est le mélange de dévouement et de tact avec lequel on amènera l'aveugle insensiblement à entreprendre sa rééducation. Sa tâche sera longue et difficile, mais les résultats seront proportionnés à ses courageux efforts : il se réadaptera au monde extérieur; il se munira d'un métier ou d'une profession compatible avec la cécité; il conservera et développera son activité intellectuelle.

I

La Réadaptation de l'Aveugle
au monde extérieur.

C'est par la suppléance des sens que s'accomplit progressivement cette réadaptation. L'homme privé de la vue est contraint, en effet, d'exercer d'une manière exceptionnellement intense les sens qui lui restent. L'ouïe, l'odorat, le toucher de l'aveugle ne deviennent pas plus sensibles, mais il obtient beaucoup plus d'eux parce qu'il est obligé de leur demander davantage. Ce sont comme des instruments qui n'ont pas changé, mais qui sont maniés avec plus de précision et qui suppléent, dans une

UN FUMEUR AVEUGLE

certaine mesure, celui qui manque. L'aveugle concentre sur eux une attention que n'absorbent plus les sensations visuelles et il recueille des données, il discerne des nuances d'une finesse extraordinaire qui échappent aux clairvoyants[1]. Cela ne va pas, hélas! jusqu'à remplacer la vue, mais cela permet à ceux qui l'ont perdue de se tenir en contact avec le monde extérieur d'une manière beaucoup plus étroite que l'on ne serait tenté de le croire. Des exemples seuls donneront une idée de l'étonnante acuité de perception qu'ils peuvent acquérir. C'est ainsi que dans son ouvrage : *Impressions et Souvenirs d'Aveugle*, publié en 1891, M. Maurice de la Sizeranne intitule son premier chapitre : *Ce qu'un aveugle voit en voyage*[2].

1. Cf. Pierre VILLEY, *Le Monde des Aveugles*, Paris, 1014, 1 vol. in-12.
2. Maurice DE LA SIZERANNE, *Impressions et Souvenirs d'Aveugle*, avec une préface de François Coppée, 1 vol. in-16. — Du même auteur : *Les Aveugles utiles*, 1 vol. in-18; *Les Aveugles par un Aveugle*, avec une préface de M. le

« Quelques journaux, dit-il, ayant signalé la rapide excursion que j'ai faite à travers l'Allemagne et le Danemark, on s'est étonné qu'un aveugle pût trouver plaisir et profit à voyager. Aux innombrables touristes qui explorent chaque année les bords de l'Océan ou les montagnes de la Suisse, la chose a paru extraordinaire. Il leur semble que, dans les voyages, tout parle aux yeux, presque rien à l'oreille, à l'odorat, au goût, et l'on pense que les mille petits embarras et difficultés de déplacement doivent être si multipliés, si compliqués pour un aveugle, que l'accessoire emporte ici le principal. C'est une erreur prouvant, une fois de plus, qu'on se fait une idée peu exacte de ce qu'est l'aveugle, de ce qui lui manque, de ce qui lui reste.... »

comte d'Haussonville, 1 vol. in-16; *Les Sœurs aveugles La Psychologie de la Femme aveugle et la Communauté des Sœurs aveugles de Saint-Paul,* 1 vol. in-18; Introduction a l'ouvrage de François COPPÉE, *Pour les Aveugles,* 1 vol. in-16. — On trouve ces divers volumes a l'Association Valentin Haüy, 9, rue Duroc.

« Il est évident qu'un aveugle profite d'un
voyage infiniment moins qu'un clairvoyant; le
constater est une banalité; pourtant, je m'em-
presse de le faire afin qu'il soit bien entendu
que je ne prétends pas n'avoir rien perdu en
perdant la vue, et afin qu'on veuille bien me
croire lorsque j'affirmerai qu'il me reste encore
à recueillir, en voyageant, bon nombre de
renseignements et d'impressions qui m'échap-
peraient si je demeurais dans mon fauteuil. »

Cependant, objectera-t-on à l'auteur, à quoi
bon changer de place pour un aveugle? Il est
plongé dans l'obscurité. Or, la nuit, tous les
pays se ressemblent. Erreur, répondra
M. de la Sizeranne. Sans doute, enfermé dans
un wagon, l'aveugle ne percevra pas grand'
chose. « Le bruit du train, l'odeur de fumée de
charbon, sont de perpétuels *matelas* interposés
entre la nature et nous. » Mais la voiture, surtout la voiture ouverte, et mieux encore la
marche à pied, laissent l'aveugle en contact
avec la nature.

2

« C'est alors qu'il nous arrive, tout autour de nous, des bruits, des parfums, des contacts significatifs, variés, charmeurs. Le bateau à vapeur, que les clairvoyants trouvent si agréable, l'est peu pour nous; il y a trop de tapage de machine, de bruits, de sifflets, d'odeur de charbon chauffé, qui vous assaillent, vous isolent, vous séparent du fleuve ou du lac dont on ne peut plus rien percevoir que dans les moments d'escale. Il nous faut l'embarcation à rames ou à voiles, de médiocre grandeur, afin de ne pas être trop au-dessus de l'eau. Alors, on saisit tous les clapotis, tous les remous, on sent l'eau, les plantes du bord. Pour peu que le vent s'élève, tout s'anime : on entend des bruits de rames, des gémissements de cordes qui s'harmonisent très bien avec les bruits de l'eau et qui ne les couvrent pas. »

Notre voyageur arrive à Copenhague. Une foule de sensations, nouvelles pour lui, l'avertissent qu'il est dans une ville étrangère.

« L'odorat et le goût ne sont pas seuls à me

due que je suis hors de France : à Copenhague, le brouhaha des conversations a une sonorité tout autre que chez nous ; le tintement de la monnaie sur le comptoir des magasins ne rend plus du tout le son métallique de la nôtre, il produit absolument l'effet de petit morceaux de faïence, de vaisselle cassée, qu'on remuerait. Ce qui m'avertit aussi, c'est la bonhomie, la complaisance des gens qu'on rencontre dans la rue ; ils ont du temps et, si vous leur demandez votre chemin, ils se dérangent du leur pour vous accompagner une demi-heure entière. Ce sont enfin les braves tramways aussi lents que ceux qu'ils voiturent, ils font paisiblement leur service en agitant flegmatiquement la cloche de repasseur qui, dans les pays du Nord, remplace notre insipide corne parisienne.

« On s'imagine volontiers que, pour l'aveugle, tout est uniforme, que toutes les rues, toutes les places sont semblables et ne peuvent varier d'aspect ; c'est encore une erreur, il ne faut pas longtemps pour s'apercevoir qu'on n'est plus à

Paris. Pensez-vous que sur le Kongens-Nytorv,
à Copenhague, je me crusse encore sur l'ave-
nue des Champs-Élysées?

« La place publique d'un village, sablée par
endroits et par endroits envahie par l'herbe, où
courent les feuilles mortes, les poules et les
gamins échappés de l'école, ne ressemble certes
pas, pour l'aveugle le moins observateur, à la
place d'une ville. Les sensations qu'il perçoit
par le toucher, l'ouïe et l'odorat, sont, ici et là,
très différentes : pour le pied, le pavé de pierre
ou de bois, le macadam, ne produisent pas la
même sensation que le gravier ou l'herbe. On
n'entend pas, on ne sent pas voler les feuilles
mortes, le balayage matinal a passé là. On ne
rencontre ni poules, ni gamins établis comme
chez eux : ce sont de fringants équipages qui
roulent sur le pavé de bois de cette place de
grande ville, ou les chevaux d'une diligence
qui piaffent sur le dur et sonore pavé de cette
ville de province, mais l'aspect auditif et tactile
est tout différent. Au village, la fontaine coule

paisiblement, alimentant un bassin tantôt
entouré de laveuses qui frottent et lavent leur
linge en bavardant, tantôt fréquenté par des
bêtes de trait qu'on y mène boire. A la ville, la
fontaine élégante et sans emploi est le lieu le
plus désert de la place, car l'eau qui retombe
en pluie ou en gerbe produit une poussière
humide qui dépasse de beaucoup la vasque et
dont se garent les passants.

« A la ville, on entend les appels des conduc-
teurs d'omnibus, les crieurs de journaux, le
roulement des voitures et, enfin, ce bourdon-
nement formé de tous ces bruits qui se mêlent
s'ils deviennent très répétés, très intenses. On
sent, le matin, les émanations du balayage, les
effluves d'air saturé de tabac et d'absinthe qui
s'échappent des cafés qu'on aère; l'après-midi,
le soir, l'aspect olfactif a changé : c'est l'odeur
des journaux fraîchement imprimés qu'exhale
le kiosque, c'est le parfum des cuisines souter-
raines, celui de la marchande de fleurs, des
cigarettes d'Orient que fument les élégants, du

shampoing que ce passant vient de se faire
faire chez un coiffeur, du papier d'Arménie
brûlé sur le devant d'un magasin. Au village,
je n'ai aucune de ces sensations; j'entends
sonner les heures et les *Angélus*; presque toujours, je perçois un bruit d'enclume et une
odeur de corne brûlée : c'est un maréchal fer-
rant. Cela n'a rien d'esthétique; mais que
vienne et que passe un large souffle, et il
m'apporte d' « au-delà des champs d'avoine et
de foin », pour parler comme Coppée, de là où
se trouve sans doute « la fleur qui fera qu'on
aime », un grand parfum de campagne : selon
la saison, ce souffle est chargé d'odeur de foins
ou de blés mûrs, d'aubépines ou de senteurs
d'automne, et il fait vibrer tout ce qui est
sonore en nous. »

L'excursion de M. de la Sizeranne en Danemark avait pour but principal la visite de
l'Institut royal des Aveugles de Copenhague.
Notez qu'il ne s'agit pas ici d'une visite super-
ficielle et de simple curiosité, mais d'une visite

technique, faite par un homme compétent, qui
a voué sa vie à l'étude de toutes les questions
concernant les aveugles, qui se tient au courant de tous les systèmes, de tous les perfec-
tionnements essayés en France et à l'étranger
pour améliorer leur éducation ou leur sort, qui
voudra donc se rendre compte sur place des
plus menus détails. Et, en effet, il demande à
tout visiter, absolument tout, du sous-sol au
grenier.

« On ne sait jamais, dit-il, quel est le lieu
où la suite des questions qu'il provoque
amènera à découvrir les détails vraiment
typiques et à saisir le point fort ou le point
faible de l'œuvre.

« J'entre donc dans toutes les pièces. Me
voici dans une classe : si l'on y parle et en
faisant quelques pas, je me rends compte de
la dimension. Les fenêtres donnent-elles sur
une rue quelque peu bruyante ? Cela me suffit
pour savoir leur nombre et leur orientation :
mieux encore lorsqu'elles sont ouvertes. Sont-

elle   petites et fermées ? l'extérieur est-il silencieux ? Alors je fais le tour de la pièce afin de
les pe cevoir en les touchant. Il m'est facile
de me rendre compte du modèle de tables, de
bancs dont on fait usage. En passant la main
sur le mur je *vois* s'il est tapissé, peint ou
enduit de plâtre. Je n'ai garde d'oublier le
matériel scolaire : livres, cartes géographiques,
appareils à écrire et à calculer. J'examine avec
soin l'intérieur de quelques pupitres; mon
pied sur le sol, ma main sur les tables et les
cimaises, me renseignent sur l'intensité du
balayage et de l'époussetage. D'ailleurs, je ne
manque jamais (j'en suis quitte pour me laver
les mains) *d'explorer* en y passant le doigt
quelques meubles un peu élevés, les rayons de
bibliothèque, les enroulements d'une rampe
d'escalier afin de *voir* si les coins cachés sont
bien tenus, car c'est un critérium sûr pour la
propreté de la maison.

« Dès la porte d'un dortoir (il suffit d'avoir
été au collège pour savoir cela), on peut juger

de sa tenue par l'odeur qui s'en exhale, mais j'entre, je fais le tour, comptant les lits, examinant la distance qui les sépare, jaugeant la hauteur du plafond d'après la sonorité. Je ne manque jamais non plus de soulever le matelas pour arriver au sommier ou à la paillasse. Je presse le tout pour apprécier le degré de résistance que l'engin de sommeil oppose à l'échine du dormeur. La cuisine, non plus, n'échappe pas à ma visite et, afin d'aller au fond des choses, si l'on me propose de goûter au rôt ou au pot, je ne refuse pas, bien que l'odeur soit déjà, pour un odorat un peu observateur, le très sûr avertisseur du goût. Sans le voir, on peut juger d'un ragoût, je l'affirme en dépit de l'assertion contraire. »

M. de la Sizeranne, ayant quitté Copenhague, va passer quelques jours à Bayreuth pour entendre *Parsifal* et *Tristan*. On ne s'en étonnera point. Tout le monde connaît et s'explique aisément le goût particulier des aveugles pour la musique ; mais l'on s'attendra peut-être moins

aux *desiderata* que l'auteur formule touchant
ce qu'il appelle le décor auditif, la mise en
scène auditive.

« A Bayreuth, cette partie est infiniment
plus soignée que dans les autres théâtres, où
l'on demande à l'oreille des complaisances
sans nombre parce que, probablement, celui
que distraient les yeux les accorde volontiers.
Les aveugles sont moins accommodants. Jus-
tesse d'expression, *âge des voix*, exactitude du
point de départ des sons : voilà autant de
choses pour lesquelles nous sommes très exi-
geants.

« Les effets de processions, de cortèges qui
arrrivent en chantant, sont rarement assez
gradués; ceux de lointain, d'écho, manquent
presque toujours d'horizon sonore. C'est trop
mat : on sent trop que l'instrument ou la voix
est dans une coulisse étroite et rapprochée.
Constamment, des femmes de trente ans et
plus jouent des rôles de jeunes filles. Il paraît
que, grâce au maquillage et à l'éloignement,

la substitution est très acceptable pour l'œil.
Mais, hélas! on ne maquille pas la voix, et
chaque note, chaque parole de l'actrice, porte
l'empreinte de son âge qui pèse sur tout son
rôle et produit une sorte d'anachronisme
auditif C'est très pénible pour l'imagination
qui n'est excitée que par l'oreille.

« Dans *Tristan*, le spectateur qui n'est qu'au-
diteur aimerait à entendre chanter par une
voix plus jeune la chanson du mousse au
premier acte. Il souhaiterait aussi que cette
voix descendît du haut de l'édifice où l'on
suppose les mâts et les cordages. Le deuxième
et le troisième actes se passent en plein air :
or, l'impression auditive du plein air manque
beaucoup. Le chalumeau si poignant du
troisième acte, qui doit être entendu d'un peu
loin, joue seulement du fond de la scène. Les
yeux ne le voient pas, c'est possible, mais
l'oreille le *voit*, là, tout près. »

Ainsi, dans un théâtre comme celui de
Bayreuth, tout est aménagé à souhait en vue

de l'illusion d'*acoustique* à produire chez le clairvoyant, mais cette même illusion n'existe pas pour l'aveugle, dont l'oreille est devenue plus fine et beaucoup plus exigeante.

Dira-t-on qu'il s'agit là d'un cas peu fréquent et que beaucoup d'aveugles n'arrivent pas à une telle finesse de perceptions? Il se peut; mais ce n'est là qu'une question de degré. Il n'en est pas moins certain que les sens qui restent à l'aveugle se perfectionnent toujours, quelle que soit la mesure de ce perfectionnement. Il en résultera, pour lui, un très grand secours dans le travail de réadaptation à son milieu, à la vie quotidienne, qu'il devra s'imposer. De lui-même, il n'aura pas l'idée de ce travail. Il ne supposera pas qu'il puisse encore accomplir sans aide les nombreux actes journaliers de son existence. Sa première impression sera de se croire absolument dépendant d'autrui. Trop souvent, l'entourage pensera de même et gênera cette réadaptation si nécessaire. C'est une erreur.

L'homme frappé de cécité doit, s'il veut acquérir quelque indépendance, s'habituer à faire, autant que possible, toutes les menues besognes dont il s'acquittait antérieurement. Il en demeure capable, mais souvent par des moyens différents, et avec lenteur. Il arrive très bien, en s'exerçant, à se diriger seul dans les lieux qu'il connaît; il n'a pas besoin d'aide pour les soins personnels, toilette, repas, etc. M. de la Sizeranne cite le cas d'un aveugle que ses tournées d'accordeur ramènent périodiquement dans les mêmes villes, et qui ne manque jamais de se familiariser complètement avec la topographie des hôtels où il descend.

« Pour cela, il commence bien par se faire guider une fois, mais rien qu'une; puis, la nuit venue, lorsque tout encombrement, tout bruit ont cessé, il va en pantoufles faire une reconnaissance dans toutes les parties de l'hôtel où il doit circuler. Bien à son aise, il étudie ainsi les distances, les escaliers, les tours et détours. Le lendemain, à la stupéfac-

tion des gens de l'hôtel, qui, du coup,
prennent de lui une haute opinion, il va et
vient partout sans guide. »

Pour cette réadaptation de l'aveugle au
monde extérieur, à la vie quotidienne, les
jeux (triple carré, dominos, cartes pointées,
billard anglais) sont de bons auxiliaires; « non
seulement ils servent de passe-temps et de
dérivatif aux pensées tristes, mais encore ils
peuvent avoir une heureuse influence sur le
développement du toucher et de l'adresse
manuelle, à condition, pourtant, que les
aveugles qui s'y livrent ne soient pas réduits à
un rôle trop passif et prennent part aux divers
mouvements que nécessitent ces distractions :
distribution des cartes, pose des dominos, etc.
Les premiers essais seront lents et gauches;
il y aura probablement quelque maladresse;
néanmoins, tout s'arrange assez vite, surtout
si le partenaire clairvoyant ne manifeste
aucune impatience et prend la peine de rec-
tifier discrètement les faux mouvements, soit

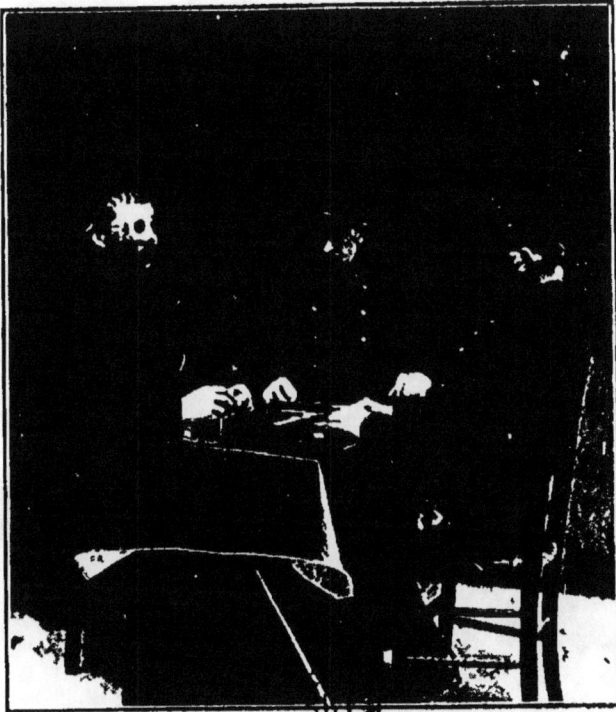

SOLDATS AVEUGLES JOUANT AUX DOMINOS
A L'ASSOCIATION VALENTIN HAUY
9 rue Duroc, Paris

d'un simple : « à droite; plus loin », soit en
guidant un peu la main inexpérimentée. Il est
plus difficile de procéder ainsi que de se sub-
stituer à tout instant au joueur, mais cette
méthode est, en revanche, beaucoup plus
fructueuse, et l'on ne tarde pas à être payé de
sa peine, car, dans ces conditions, les parties
prennent rapidement de l'animation et de
l'entrain, pour le plus grand profit moral et
physique de l'aveugle [1]. »

En résumé, le grand principe qui s'applique
à toutes les circonstances, dans les rapports
avec les aveugles, c'est que les aider efficace-
ment ne consiste pas à agir à leur place, ni à
leur épargner tout mouvement. La véritable
méthode, c'est de les pousser à l'action, de les
guider dans leurs tentatives et de les avertir
des obstacles qui peuvent se présenter. Le
résultat est certain; mais il demandera tou-

1. Georges Perouze, professeur à l'Institution nationale
des jeunes aveugles, *La question du travail pour les soldats
aveugles*, notice publiée par l'Association Valentin Hauy.

jours beaucoup de temps et beaucoup d'efforts.
Ajoutons qu'il sera considérablement hâté par
la fréquentation d'un aveugle ayant triomphé
des mêmes obstacles et pouvant, par suite,
joindre à ses conseils l'autorité de l'exemple.

II

L'Aveugle et le travail manuel.

Nous venons de montrer l'aveugle se réa-
daptant, dans une certaine mesure, à son
milieu, s'affranchissant de cette dépendance,
de cette servitude qu'il sentait peser sur lui.
Dans bien des cas, et beaucoup plus qu'il ne
l'aurait jamais imaginé, il peut se suffire à lui-
même. Ce n'est, certes, pas la vie normale,
mais ce n'est pas non plus cette existence
d'infirme, d'impotent, à laquelle il se croyait
condamné. Il vit, il agit par lui-même, il circule sans aide dans les lieux familiers, il en
sait les dimensions, la disposition, l'aména-

3

gement; il sait la place des meubles et des
moindres objets; il connaît son « home » et il
l'aime.

Cette indépendance, reconquise avec beaucoup de temps et de patience, n'est pas la
seule qu'il puisse ni qu'il doive ambitionner.
C'est beaucoup pour lui de se sentir si peu
à charge à ceux qui l'entourent, d'avoir repris
contact avec le monde extérieur. Ce n'est pas
encore assez. La cécité l'atteint en pleine activité. Il exerçait un métier, une profession. Il a
dû l'abandonner. Restera-t-il maintenant sans
travail? Si le travail était pour lui le gagne-pain
nécessaire, s'il était chargé de famille, c'est la
gêne ou la misère qui le guettent, accrues du
sentiment amer de son inutilité. Il souffrira
donc doublement dans sa crainte de manquer
de pain et dans sa dignité. Il va sans dire que
tous les soldats aveugles auront droit à une
pension de l'Etat, mais cette pension sera,
sans doute, longue à liquider. Puis, pour les
simples soldats surtout, cette ressource, bien

que très appréciable, n'est pas suffisante
(975 francs). Ceux de ces malheureux qui
étaient, par exemple, bons ouvriers, méca-
niciens, employés de commerce, comp-
tables, etc., pouvaient gagner aisément trois
ou quatre fois plus; et, parmi eux, il y en a
qui ont plusieurs enfants à leur charge. Enfin,
en supposant la question matérielle résolue,
il resterait toujours la souffrance morale provenant d'une inaction forcée.

Heureusement, cette inaction n'est pas
forcée. Des centaines de travailleurs, frappés
de cécité à l'âge adulte et disséminés par toute
la France, continuent à mener une existence
laborieuse et honorable, démontrant ainsi que
la perte de la vue ne condamne pas l'homme à
une déchéance sociale irrémédiable. Les soldats aveugles pourront donc faire ce que tant
d'autres ont fait avant eux. Il existe des professions et des métiers, en petit nombre, il est
vrai, qui sont à la portée des aveugles et qu'on
peut leur enseigner avec succès. C'est ce

qu'établit M. Georges Pérouze dans la notice
que nous avons déjà citée :

« Nous ne pouvons naturellement parler des
cas particuliers et tout à fait exceptionnels où
l'aveugle, par suite de circonstances très favorables et toutes spéciales, a la possibilité de
continuer la profession qu'il exerçait auparavant, ou de trouver un débouché avantageux
en dehors des chemins tracés. Ces cas sont
rares et, pour les résoudre, les avis d'une personne expérimentée ne seront pas toujours
superflus.

« Pour les professions généralement enseignées : brosserie, vannerie, rempaillage et cannage des sièges, fabrication de balais de
sorgho, matelasserie, cordonnerie, accordage
des pianos, massage, le choix dépend de nombreuses considérations, parmi lesquelles on
peut citer les aptitudes du sujet, son âge, son
degré d'instruction, sa vigueur physique, ses
occupations antérieures, ses relations, le lieu

probable de sa résidence, voire même la con-
formation de sa main.

« Parmi ces professions, les unes exigent
surtout de l'habileté manuelle, et les autres,
accordage des pianos et massage, demandent,
outre des aptitudes spéciales, des qualités
intellectuelles assez développées. Les métiers
purement manuels : brosserie, chaiserie, etc.,
ne réclament pas tous un égal degré d'adresse.

« BROSSERIE. — La brosserie est, en France
du moins, le métier le plus généralement
enseigné aux adultes. Il ne demande qu'une
adresse moyenne qui le met à la portée du
grand nombre, avec un apprentissage relativement court (en général de six à huit mois); il
offre aussi le grand avantage de permettre à
l'ouvrier de travailler seul chez lui, en famille.
Les brosses se vendent partout. Le prix de
l'outillage n'est pas excessif et un emplacement
médiocre suffit pour l'exécution du travail.

« VANNERIE. — La vannerie réclame un
apprentissage beaucoup plus long (deux ou

trois ans), ainsi que beaucoup plus d'adresse
et de vigueur physique. L'outillage n'est pas
très coûteux, mais l'atelier occupe un assez
grand emplacement. C'est sans doute pour ces
diverses raisons que bien peu d'adultes, en
France, se sont adonnés à l'exercice de cette
profession. Une autre difficulté provient de
l'écoulement des produits qui ne peut se faire
en dehors de certains centres.

« Rempaillage et Cannage. — Point n'est
besoin, pour exercer ces deux métiers, d'une
adresse extraordinaire, ni d'un long apprentissage, quelques mois suffisent. Le cannage surtout est très facile à apprendre. Malheureusement, lorsqu'on s'y met un peu tard, lorsque
les doigts n'ont plus une souplesse suffisante,
le travail marche trop lentement et ne donne
qu'une faible rémunération.

« Fabrication des Balais de sorgho. —
L'exploitation de cette petite industrie néces-
site un matériel assez coûteux, mais dont le
prix n'est cependant pas exorbitant. Un

SOLDAT AVEUGLE
ENSEIGNÉ PAR UN VANNIER AVEUGLE

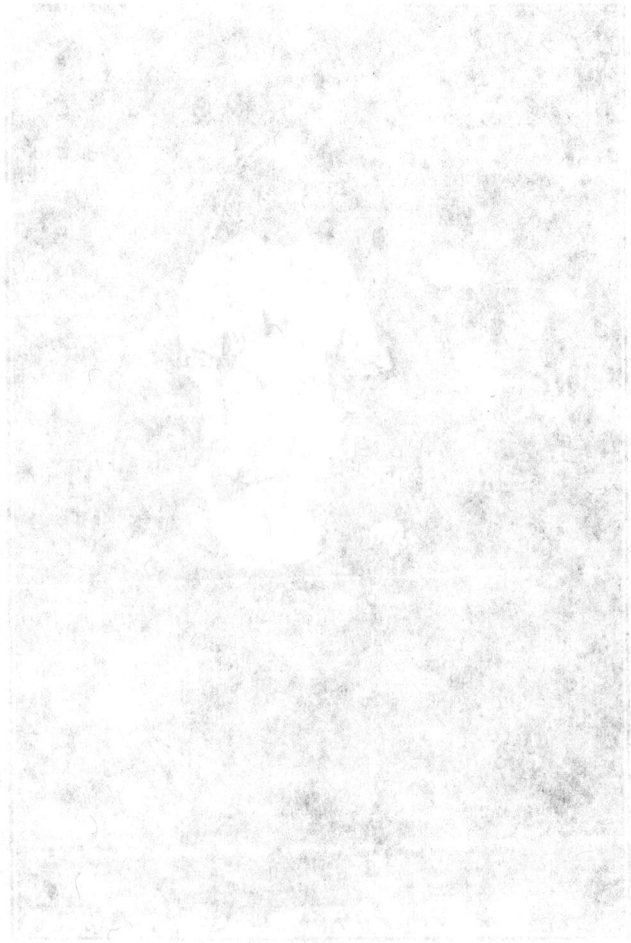

aveugle de vigueur physique ordinaire et
d'adresse moyenne peut l'entreprendre. La plus
grosse difficulté paraît bien être celle de se
procurer un travail suivi; aussi semble-t-il
prudent d'exercer cette profession concurrem-
ment avec un autre métier manuel.

« MATELASSERIE. — En Angleterre, plusieurs
grands ateliers d'aveugles comprennent une
section consacrée à la confection des matelas
et à leur réfection. En France, nous n'avons
rien de pareil pour plusieurs raisons, dont l'une
des principales est que, la plupart du temps,
les matelas sont refaits sur place par de petits
façonniers pourvus d'un outillage rudimentaire.

« Ce genre de travail peut être fait par un
aveugle, après un apprentissage assez court et
avec l'aide d'une personne clairvoyante, exé-
cutant les parties de l'ouvrage pour lesquelles
la vue est indispensable. L'outillage n'exige
pas une dépense considérable.

« CORDONNERIE. — La fabrication et la réparation des chaussures sont enseignées dans

plusieurs pays, surtout en Danemark. En France, ce métier est peu pratiqué et seulement depuis quelques années, de sorte qu'on ne sait encore au juste ce qu'on est en droit d'en espérer.

« Il semble bien que la fabrication de la chaussure neuve, faite aujourd'hui mécaniquement dans de grandes usines, ne puisse donner de sérieux résultats. Il est possible que la réparation procure un travail assez rémunérateur, pourvu toutefois que la clientèle ne se montre pas, là encore, plus récalcitrante qu'à l'ordinaire, et se décide à confier le ressemelage de ses chaussures à un cordonnier aveugle.

« ACCORDAGE DES PIANOS. — L'accordeur aveugle ne peut, le plus généralement, songer à tirer parti de son métier que dans le service d'une clientèle particulière, ce qui l'oblige à être, en même temps, un réparateur suffisamment habile pour remédier sur place à la plupart des troubles qui gênent le fonctionnement du piano.

« Pour la formation d'un tel professionnel, il faut compter à peu près deux ans. L'apprenti doit posséder, outre quelques aptitudes musicales, une adresse manuelle très développée, certaines qualités intellectuelles, une bonne éducation et beaucoup d'aisance dans sa tenue et ses mouvements.

« A cause des qualités qu'elle exige, cette profession n'est pas à la portée du grand nombre, d'autant plus que la constitution d'une clientèle suffisante est chose difficile, exigeant du temps, du savoir-faire et des relations.

« MASSAGE. — On peut faire, sur cette profession, à peu près les mêmes remarques que sur la précédente. Le masseur doit posséder tout un ensemble de qualités qui se trouvent rarement réunies chez le même sujet.

« La formation purement professionnelle, qui demande environ deux ans, est bien loin de constituer le seul élément de réussite; il faut encore, à un plus haut degré que pour l'accordeur, beaucoup de tact, un certain

vernis, des manières correctes et aisées, une
grande facilité à se mouvoir et, si possible,
l'art de causer agréablement, ce qui suppose
une culture intellectuelle assez développée.
Ajoutons à ce propos que l'Association Valentin Haüy, en dehors de ses cours de massage
et du patronage qu'elle accorde à la Clinique
du Syndicat des Masseurs aveugles [1], organise
en ce moment même, dans l'une des ambu-
lances de Cannes et sous la direction de deux
de ses masseurs diplômés, une petite école
destinée à la formation pratique et théorique
des soldats aveugles ayant les aptitudes
requises pour exercer cette profession [2].

« MÉTIERS DIVERS. — A côté de ces métiers,
il en est quelques autres, moins fréquemment
exercés, qui ont pourtant leur intérêt. Ce sont

1. Clinique installée, 24, rue Dauphine, Paris.
2. Voir ci-dessous, Appendice I, p 114, les résultats qu'ont
obtenus, avec l'aide de l'Association Valentin Haüy,
certains aveugles exerçant l'un des métiers qui viennent
d'être énumérés.

la fabrication des *tapis-brosses*, la *tonnellerie* et la *dactylographie.* Des aveugles robustes et d'adresse moyenne peuvent être employés à la fabrication des tapis-brosses; mais cette fabrication, qui s'exécute à l'aide de métiers montés pour le tissage des différentes largeurs, doit, pour être productive, se faire dans des ateliers renfermant un assez grand nombre de machines et avec l'aide d'ouvriers clairvoyants.

« Un tonnelier devenu aveugle, homme d'énergie et d'initiative, résolut de chercher à continuer son métier malgré la perte de la vue ; il se fit une nouvelle méthode de travail, et le succès a si bien couronné ses efforts, qu'il a pu former trois apprentis. De ce fait, on peut conclure que la tonnellerie, quoique difficile, n'est pas un métier inaccessible à quelques aveugles doués d'adresse et de volonté.

« Nombreux sont les aveugles qui emploient avec sûreté et rapidité divers modèles de machines à écrire pour leur correspondance. Quelques-uns seulement ont réussi à utiliser

professionnellement cet appareil. Avec le
secours du « dictaphone » ou d'une machine à
sténographier en Braille (dont M. Villey s'occupe activement), quelques aveugles instruits
et placés dans des conditions favorables seraient
très capables de remplir certains postes de
dactylographes ou de téléphonistes dans des
établissements industriels ou commerciaux.

« Toutes ces professions, les métiers purement manuels comme les autres, ont le très
grand avantage de pouvoir être exercées isolé-
ment. Dès lors, rien n'empêche l'aveugle de
s'établir dans sa famille, ou dans une localité
très voisine, s'il y trouve avantage pour l'écoulement de ses produits. On évite, de cette façon,
une transplantation dans un milieu inconnu
et on donne à l'aveugle le bénéfice du point
d'appui que peuvent lui fournir ses relations de
famille et d'amitié. En outre, l'ouvrier brossier,
vannier, canneur, accordeur, s'il a quelques
aptitudes, peut fort bien tenir un petit com-

merce en rapport avec son genre d'occupations.
Ils sont assez nombreux ceux qui ont, par ce
moyen, accru sensiblement leurs ressources,
et plusieurs sont à la tête de magasins bien
achalandés et prospères.

« Cette manière de procéder, en maintenant
l'individu au milieu des siens, dans la vie normale, l'oblige à la lutte, c'est-à-dire à la vie
intense et véritable, avec tous les soucis et
aussi toutes les satisfactions qu'elle comporte.
C'est celle qu'applique avec persévérance et
succès, depuis 1889, l'Association Valentin
Haüy.

« Évidemment, les sujets dépourvus d'initiative ou d'esprit de suite, ceux chez qui le
malheur a brisé le ressort de la volonté, ceux
à qui leur état de santé ne permet pas un travail suivi, ceux enfin (et malheureusement il
s'en trouvera) qui n'avaient pas l'habitude du
travail régulier et d'une bonne conduite, tous
ceux-là ne sauraient s'accommoder d'une existence indépendante.

« Le meilleur moyen de venir en aide à cette catégorie d'aveugles serait de leur ouvrir les portes de quelque atelier-asile. Ils y trouveraient un refuge contre les grands chocs de la vie, un confort relatif, des relations de camaraderie et une besogne modérée qui les soustrairait aux lamentables effets de l'ennui et de l'oisiveté.

« Il va de soi que les hommes mariés devraient trouver à proximité des logements à bon marché, leur permettant de vivre en famille et de se rendre facilement à l'atelier pour leur travail.

« La création et l'entretien de semblables établissements entraîneraient à d'assez fortes dépenses; cependant, dirigées prudemment et assurées de fortes commandes pour l'administration de la guerre et les autres administrations publiques, ces organisations pourraient sans doute boucler leur budget sans un trop grand déficit.

SOLDATS AVEUGLES APPRENANT LA BROSSERIE
A L'ASSOCIATION VALENTIN HAÜY
9 rue Duroc, Paris

« Où les soldats aveugles feront-ils leur apprentissage? Il est trop clair que l'atelier spécial est ce qui convient le mieux, parce qu'on y connaît les besoins particuliers des aveugles, ainsi que les moyens les plus propres à assurer la réussite prompte et complète; et aussi parce que l'ambiance favorise grandement l'adaptation générale à la nouvelle existence en voie de formation.

« Quant au choix de l'atelier, il dépendra naturellement, d'abord du métier que l'aveugle doit apprendre, puisque tout en enseignant souvent plusieurs métiers, il en est presque toujours un dans lequel chaque établissement s'est spécialisé, et qu'il pratique d'une façon plus courante et plus parfaite. Ensuite, peuvent intervenir les considérations secondaires, comme les convenances personnelles, etc. L'Association Valentin Haüy, se tenant en rapport avec les administrations des ateliers, est en mesure de guider les choix, de rensei-

gner sur les places vacantes et les possibilités
d'admission.

« Peut-être s'étonnera-t-on que nous n'ayons
rien dit de la musique? C'est bien à dessein que
nous ne l'avons pas mentionnée, parce que cette
carrière est fermée aux adultes, qui ne peuvent
trouver, dans la musique, autre chose qu'une
agréable distraction, puisque l'étude sérieuse
de cet art doit être commencée très jeune.

« Nous ne disons rien, non plus, de bon
nombre d'autres travaux, parce que nous les
considérons plutôt comme d'utiles occupations, ou d'excellents exercices préparatoires,
que comme de véritables métiers. A ce genre
de travaux appartiennent : le filet, la fabrication
des chaussons de lisière, la fabrication des
enveloppes ou paillons pour bouteilles, les
tapis de lisière, la confection des lacets de
cuir, colle des sacs en papier, la vannerie de
fantaisie en rotin filé, le tournage, la menuiserie, etc., etc.

« Sauf en de très rares conjonctures, ces divers travaux ne sont pas productifs. De loin en loin, quelque sujet entreprenant et mettant à profit des circonstances favorables a pu tirer bon parti de l'une ou l'autre de ces petites industries, mais cela ne se produit que par exception.

« Nous ferons une remarque analogue au sujet de certains travaux auxquels se sont adonnés ou s'adonnent encore actuellement quelques aveugles : horlogerie (nettoyage, réparation, réglage de grosses horloges), installations électriques (sonneries et éclairage), mécanique (montage de bicyclettes notamment), taille de cristaux, coutellerie, filage de cordes pour les basses de piano, etc.

« Ces divers travaux sont faits exceptionnellement par certains ouvriers, grâce à des facultés spéciales et à un heureux concours de circonstances, mais leur valeur professionnelle est très faible, la plupart du temps, parce que la lenteur de l'exécution empêche d'en tirer une rémunération appréciable.

4

« De ces exemples se dégage un puissant encouragement, car ils apportent un nouvel argument à l'appui de ce que nous avons déjà dit et de ce qu'on ne saurait trop répéter à nos aveugles : à savoir que la cécité gêne l'activité de celui qu'elle frappe, mais qu'elle est loin de l'anéantir.

« Les travaux agricoles, qui font en Angleterre et dans quelques écoles des États-Unis l'objet d'un enseignement régulier [1], méritent une mention spéciale, parce que ces occupa-

1. A Londres, dans la propriété de St. Dunstan, Regent's Park, que M. Otto Kahn, le banquier américain, a mise à la disposition des soldats et marins aveugles, on remarque, entre autres installations, un élevage de volailles et un potager. Ils sont placés sous la direction d'un aveugle très connu pour sa compétence, le capitaine Pearson Webber. On y a mis en pratique beaucoup d'inventions merveilleuses. L'arrangement des portes, des poulaillers, des grillages, des cages à poulets, révèle une ingéniosité extraordinaire. Il permet à un aveugle d'attraper la poule qu'il veut prendre, de pousser les volailles d'une cour dans une autre, de ramasser les œufs et, d'une manière générale, de tout diriger. Voir le *Times* du 20 avril 1915.

tions ont plus souvent que d'autres été conti-
nuées dans la mesure du possible par' des
adultes qui s'y livraient avant d'être frappés
par la cécité. Notre vaillante armée comptant
dans ses rangs beaucoup de travailleurs des
champs, il est certain, puisque le cas s'est déjà
présenté, que plusieurs soldats aveugles auront
le désir de reprendre leur ancienne existence.
Naturellement, il ne s'agit pas des journaliers
travaillant pour le compte d'autrui, mais seulement d'hommes travaillant à leur compte, soit
chez eux, soit chez quelqu'un de leur famille.
Afin que chacun d'eux ne recommence pas à
ses dépens des tentatives déjà faites et profite
ainsi de l'expérience acquise par d'autres,
l'Association Valentin Haüy s'occupe activement de trouver les moyens de fournir aux
intéressés conseils et renseignements pratiques. Sans aller jusqu'à la création d'une
ferme-école, il paraît possible d'organiser une
petite installation où les cultivateurs aveugles
pourraient être mis en rapport avec un con-

frère et se rendre ainsi compte de sa manière
de procéder.

« Les gains sont très variables d'une profession à l'autre et, pour la même profession,
suivant les aptitudes professionnelles et com-
merciales de chaque individu. Les métiers
manuels ne fournissent que des salaires minimes
si on les compare aux journées élevées de bien
des corps d'état; car l'aveugle travaille forcé-
ment avec lenteur (environ moitié moins vite
que le clairvoyant). L'infériorité s'atténue considérablement pour les métiers où les facultés
intellectuelles jouent un rôle plus important.
Quoique modeste, le produit du travail n'est
pas négligeable puisque, s'ajoutant à la pension
de réforme, il contribuera à augmenter, au
moins un peu, le bien-être de nos soldats et de
leur famille.

« Le profit matériel et l'avantage non moins
appréciable d'échapper au mortel ennui des
longues heures inoccupées ne sont pas les seuls

résultats que le travail procure à l'aveugle. La
société retrouve ainsi un membre actif et utile,
de sorte que s'employer à adoucir le sort de
nos soldats aveugles, c'est aussi faire œuvre
patriotique.

« Certes, la tâche est immense et déli.ate.
Jamais, en effet, il ne s'est trouvé à la fois un
aussi grand nombre d'hommes frappés de
cécité. Cette œuvre réclame le concours de
toutes les bonnes volontés qui sous une forme,
ou sous une autre, voudront bien s'employer
à rendre à ceux qui ont donné leurs yeux pour
la France la part de bonheur à laquelle ils
peuvent encore prétendre ici-bas! »

III

L'Activité intellectuelle de l'Aveugle.

Quelques-unes des professions généralement accessibles à l'aveugle, telles que l'accordage de pianos ou le massage, font appel, dans une large mesure, à ses facultés intellectuelles; la plupart sont des professions purement manuelles. Qu'adviendra-t-il d'une vie plus haute? Si les mains peuvent encore travailler, l'activité de l'esprit sera-t-elle paralysée ou considérablement réduite? L'aveugle devra-t-il s'en interdire toutes les formes, depuis les plus élémentaires et les plus indispensables, correspondance, calcul, tenue de comptes, etc., jusqu'aux

plus hautes spéculations de l'intelligence? Le
goût et le besoin des choses de l'esprit ne feront
certainement que s'accroître chez l'aveugle
déjà cultivé, qui trouvera en elles un puissant
dérivatif à sa peine. Cet aveugle et d'autres,
moins instruits que lui, seront-ils contraints
de renoncer à presque toute occupation de
l'intelligence, ou leur faudra-t-il recourir sans
cesse à la charité d'un clairvoyant? Ici encore,
comme dans la vie matérielle, ils seront beaucoup moins dépendants qu'on ne le croirait du
secours d'autrui. Ils pourront écrire, ils pourront lire seuls. Lire seul! Des clairvoyants sen-
tiront-ils jamais ce que cela peut apporter de
consolation à celui que ne vient plus distraire
ni émouvoir le spectacle du monde extérieur?
N'est-ce pas comme si on lui ouvrait les portes
d'une prison? Or, ce miracle est possible et
s'accomplit journellement pour des milliers
d'aveugles avec une surprenante aisance.

C'est à un aveugle français, Louis Braille,
qu'ils en sont redevables. Ils emploient, pour

lire et écrire, des caractères en points saillants imaginés par ce dernier en 1826. Son ingénieux procédé leur permet de s'adonner aux occupations intellectuelles les plus variées. Bien que des essais d'écriture en relief eussent déjà été tentés avant Louis Braille, c'est à lui que revient l'honneur d'en avoir imaginé un système complet, méthodique et d'une application facile. Aujourd'hui, ce système est en honneur dans le monde entier.

« C'est avec le Braille, nous dit M. de la Sizeranne, dans l'ouvrage cité plus haut, que j'écris ces notes sur ma réglette de poche qui ne me quitte pas plus que le calepin ne quitte le touriste. Non seulement les soixante-trois signes que me fournissent les six points de Braille me permettent d'écrire toutes les ponctuations, les chiffres, les signes orthographiques, etc., mais encore toutes les notes de musique; cela avec la même rapidité et la même sûreté. Ainsi, balancé et secoué comme je le suis en ce moment dans notre wagon

ALPHABET DES AVEUGLES

LETTRES ET SIGNES DE PONCTUATION*

a   b   c   d   e   f   g   h   i   j

k   l   m   n   o   p   q   r   s   t

u   v   x   y   z   ç   é   à   è   û

â   ê   î   ô   û   ë   ï   ü   œ   w

,   ;   :   .   ?   !   ()   «   *   »

Apostrophe' ou abréviatif   —   1   ð ou §   æ   numérique   majuscule

 * Les gros points représentant les caractères sont en relief;
les petits points ne servent ici qu'à indiquer la position rela-
tive des gros dans chaque groupe de six.

bavarois, je puis très bien, à la suite de ces notes tracées sur mes genoux, écrire tel thème de *Parsifal* ou de *Tristan* dont je me suis imprégné pendant les cinq jours que j'ai passés à Bayreuth. »

On peut lire l'explication détaillée du système dans l'excellente brochure du commandant Barazer intitulée : *Conseils aux personnes qui ont perdu la vue* [1].

« Les caractères de l'écriture usuelle sont d'un emploi difficile pour les aveugles, même lorsqu'ils sont tracés en relief. Il s'agissait de les remplacer par des signes faciles à reconnaître avec le doigt. Braille a résolu le problème en composant un alphabet avec les signes obtenus par les combinaisons de six points saillants. »

Pour écrire ces signes, il suffit d'avoir une tablette en métal, un style ou poinçon et du

---

1. On trouve cet ouvrage à l'Association Valentin Haüy, 9, rue Duroc.

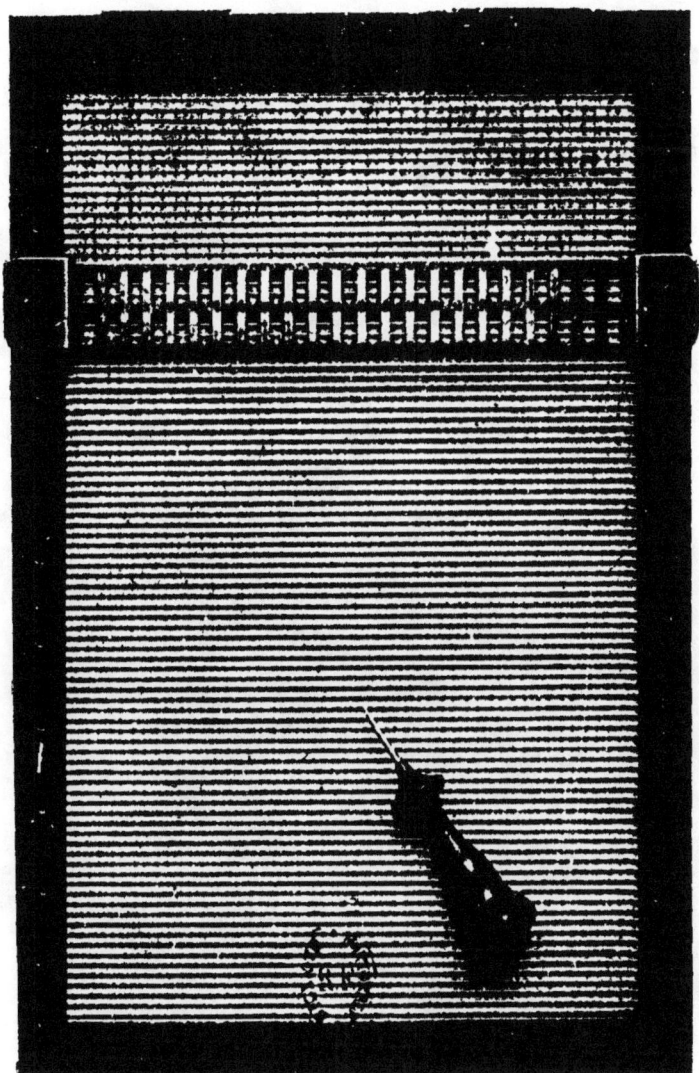

TABLETTE ET POINÇON POUR ÉCRIRE EN BRAILLE

papier fort, choisi pour cet usage. La tablette
est « gravée de raies horizontales également
espacées entre elles et d'une profondeur uniforme ; un châssis articulé à charnière borde
cette tablette, y maintient le papier sur lequel
on l'abaisse et supporte le guide. Le guide est
une lame de métal percée d'ouvertures rectan-
gulaires dans chacune desquelles un signe
peut être marqué à l'aide du style dont la pointe
s'empreint dans le papier et forme au revers de
ce papier un relief qui pénètre dans la rayure.
Le guide s'ajuste dans les trous percés sur les
grands côtés du châssis par des goujons fixés
à ses deux oreilles. Il est mobile et on le déplace
de deux en deux lignes ou de trois en trois....
Les goujons soulevés sont légèrement traînés
jusqu'à ce qu'ils arrivent aux trous, où doit
être placé de nouveau le guide....

« Chaque signe se forme dans un des rectan-
gles du guide ; entre les mots, on laisse un
rectangle vide.... Ces signes s'écrivant en creux
doivent être formés à l'envers de droite à

gauche, afin que le relief puisse être lu de gauche à droite; en d'autres termes, il faut placer à droite du rectangle le point ou les points qui doivent se trouver à gauche pour la lecture.... Cette petite complication, dont s'effraient à tort les débutants, ne présente pas de difficulté sérieuse; on arrive bien vite à se rappeler la disposition des caractères dans le sens où ils doivent être écrits, aussi bien que dans celui où ils sont lus. »

Pour lire, « on place le livre ou le feuillet devant soi, sur une surface horizontale. L'index de la main droite ouverte parcourt les lignes de gauche à droite, en glissant légèrement sur les caractères qu'il touche avec la partie interne et moyenne de la dernière phalange. Cette partie charnue et bombée présente une surface suffisante pour embrasser, à la fois, tous les points des signes.... Il est très bon de se servir de deux doigts : l'index droit est suivi, aidé et contrôlé par l'index gauche, qui, lorsque l'index droit arrive à la fin d'une ligne, va se placer au commencement de la suivante et marque ainsi l'endroit précis où l'on doit continuer la lecture.... Quand on est devenu très habile, on peut lire avec promptitude dans toutes les positions, et même en marchant et en n'employant qu'une seule main. »

La même aisance et la même rapidité peuvent s'acquérir pour l'écriture. « Le pointage des caractères est, sans doute, un peu lent, et il faut beaucoup de papier pour contenir peu de texte, puisque chaque point, par son creux et par son relief, occupe les deux faces du feuillet. Pour y remédier, on a inventé des méthodes permettant d'économiser le temps et l'espace; c'est ce qu'on appelle les abrégés. Il y en a deux qui méritent d'être spécialement recommandés, parce qu'ils sont très connus et qu'ils rendent de très gra ds services, à savoir : l'abrégé orthographique de M. de la Sizeranne et la sténographie de M. Ballu.... Le premier est presque indispensable à tout aveugle possédant un peu d'instruction. Simple, facile et

méthodique, il est le complément et le perfectionnement naturel du système Braille, dont il
ne change pas les bases et les dispositions essen-
tielles. Il est répandu partout et on s'en sert le
plus souvent pour la correspondance. »

Il va sans dire que le système Braille est
applicable à la musique et qu'il permet d'écrire
les morceaux les plus compliqués Ajoutons
qu'un professeur de mathématiques à l'Institution nationale des jeunes aveugles de Paris a
trouvé le moyen de faire, avec la tablette et le
poinçon, toutes les opérations de l'arithmé-
tique, depuis l'addition jusqu'à l'extraction de
la racine cubique. Enfin, le commandant
Barazer expose dans sa brochure une manière
de tenir les comptes en Braille utilisable pour
toutes les comptabilités.

Il existe aussi, à l'usage des aveugles, des
appareils pour exécuter des dessins en relief,
des cartes de géographie, un système de cartes
à jouer dont Louis Braille est l'inventeur, des
jeux de dames et d'échecs, des metres permet-

tant de mesurer les longueurs avec une assez
grande précision. Par une transformation peu
coûteuse (5 francs environ) applicable à
presque toutes les montres, les aveugles lisent
l'heure sans peine et avec beaucoup d'exactitude.

Il est clair que tous les aveugles n'obtiendront
pas la même aisance dans la pratique de ces
divers instruments. Il en est même que l'âge
ou le métier empêcheront d'acquérir la légèreté
de main et la sensibilité tactile nécessaires pour
écrire ou lire le Braille. D'autres manqueront
d'instruction première. Un grand nombre,
cependant, parviendront à manier le Braille
avec plus ou moins de facilité et de promptitude. Ils pourront correspondre avec d'autres
aveugles, se distraire, de temps en temps, par
la lecture de quelques-uns des innombrables
ouvrages transcrits en Braille. Les plus cultivés,
enfin, et les plus habiles iront jusqu'à prendre
des notes à tel cours de la Sorbonne ou du
Collège de France, ou bien ils feront eux-

mêmes des conférences, avec un dossier devant
eux, des documents en Braille, statistiques,
détails précis, citations d'auteurs .., et tout
cela sera exposé ou lu textuellement pour
l'auditoire avec la même rapidité que par un
clairvoyant[1].

On pourrait mentionner d'innombrables
exemples des bienfaits inappréciables assurés
aux aveugles par le système Braille, soit des
services pratiques qu'ils en tirent, soit du
véritable soulagement moral qu'il leur apporte.
Nous ne retiendrons q an seul cas particulièrement démonstratif puisqu'il s'agit d'un
aveugle sourd.

Un franciscain, le Père Joseph-Célestin,
faisait construire une église aux îles Seychelles,

---

1 Pour les cas où l'aveugle doit ou veut se servir de
l'écriture ordinaire, il existe de nombreux appareils qui
lui permettent de tracer les mots sur le même alignement
et de maintenir les distances entre les lignes. L'un des
plus simples et des meilleurs de ces guide-mains est le
guide Wagner. Rappelons que l'aveugle peut aussi
apprendre aisément a se servir de la machine a écrire.

où il était missionnaire depuis près de vingt
ans. Un éclat de granit, parti sous le marteau
d'un ouvrier, vient lui briser l'œil gauche. Un
mois après, il perd l'autre œil et l'ouïe. Ramené
en France, il est conduit à la clinique du
docteur de Wecker, où on l'appelait *le martyr.*
Il y suit, pendant vingt jours, un traitement
spécial, mais tout est inutile. Il vient alors à
Chambéry, où il passe dans sa famille, puis
dans son couvent, le peu d'années qui lui restait
à vivre. Sa cécité et sa surdité sont complètes :
« Je n'entends, dit-il, ni tonnerre, ni canon,
pas même le son d'une cloche lancée à toute
volée au-dessus de ma tête ».

Il n'a plus pour communiquer avec les
personnes de son entourage qu'un instrument
bien rudimentaire. C'est un alphabet dont les
lettres sont fixées sur un petit carton. On
conduit ses doigts sur chacune des lettres du
mot qu'on veut lui dire, moyen bien primitif,
mais à la portée de tout le monde et que la
force de l'habitude a rendu praticable.

Ce qu'est sa souffrance, on le devine par
cette lettre qu'il écrit un jour à une correspon-
dante, aveugle comme lui, mais non sourde :
« Je suis heureux que votre santé vous ait permis
de faire votre séjour à Meylan. Vous avez donc
respiré cet air si pur, mais hélas ! vous n'avez
pu admirer les belles montagnes que vous
aimiez tant. Vous souffrez ... Et cependant,
Dieu vous a encore ménagé bien des joies.
N'avez-vous pas la consolation d'entendre la
voix sympathique de vos amies, le bruit de la
nature, le chant des oiseaux? Vous comptez
donc tout cela pour rien? Oh! quand le souvenir des beaux jours d'autrefois fera naître des
regrets dans votre cœur, pensez qu'il est
une prison plus sombre et plus silencieuse
que la vôtre, où le soleil ne pénètre jamais
et où nulle voix humaine ne peut se faire
entendre. »

Quand il écrit cette lettre, le Père Célestin
est initié au système Braille. On peut juger de
ce qu'il éprouvait durant les deux ans et demi

qui s'écoulèrent entre son accident et cette initiation.

Un matin, il laisse échapper vers la Vierge ce cri de détresse : « Ne m'accordez-vous donc plus rien ? Je ne puis plus y tenir dans cette prison sans ouverture. » Le soir même, le supérieur de son couvent recevait une feuille d'alphabet Braille envoyée par un Père du couvent de Paris. On ignorait l'existence du système.

« C'est bien difficile, dit le supérieur, voyez si cette méthode peut vous être utile. Je ferai venir un Père du couvent de Thonon pour vous accompagner à Lausanne. »

Le Père Célestin dévore l'alphabet en quelques heures. Trois jours après il arrive à Lausanne.

« J'étais à la porte de l'asile des aveugles, logé dans une pension, et je devais, le lendemain, prendre ma première leçon à huit heures ; mais personne ne vint. Je dis à mon compagnon : « Allez voir M. le Directeur ; on m'aura

« oublié ». Le portier de l'asile, un peu parleur
comme tous les portiers, confia au Père qu'aucun
des professeurs n'acceptait de me donner des
leçons à cause de ma surdité. M. le Directeur
promet pourtant d'envoyer quelqu'un à onze
heures. Ce fut un jeune aveugle; on ne lui
avait pas dit que j'étais sourd; je le croyais
clairvoyant; je lui parlais, je lui montrais mon
carton interprète; il le palpait avec ses doigts
en le retournant dans tous les sens. C'est alors
que mon compagnon, n'ayant pas le carton,
me dit par signes que ce monsieur était aveugle
aussi. Je lui dis alors « Je vais d'abord vous
« dire ce que j'ai compris, et le Père qui est là
« me donnera vos réponses ». Il avait apporté un
alphabet Braille, mais avant même de le toucher, je lui fis l'énumération de tous les signes
et de leurs rapports entre eux. Très surpris, il
alla chercher un livre et une tablette; mais,
comme il me l'a avoué plus tard, il était
persuadé que j'étais un farceur. Je ne pus lire
tout d'abord les premières lignes . les signes

SOLDATS AVEUGLES APPRENANT A LIRE
A L'ASSOCIATION VALENTIN HAÜY
9, rue Duroc, Paris

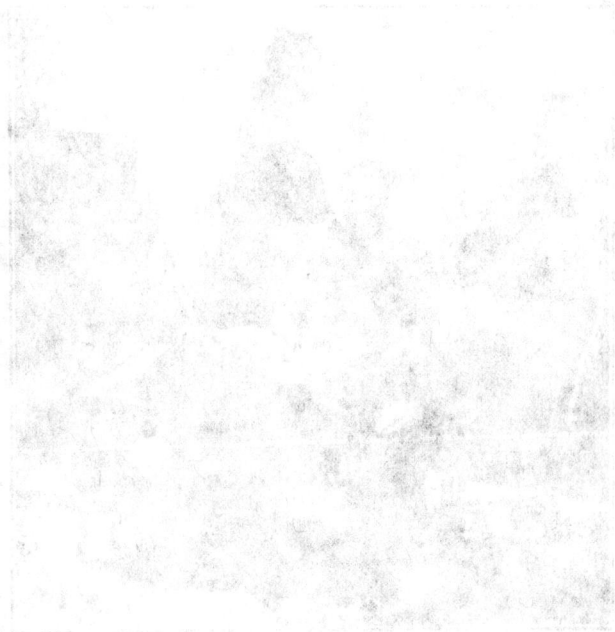

se confondaient sous mon doigt. Il m'expliqua, en me la faisant toucher, la tablette; j'écrivis ensuite de mémoire tous les signes sans me tromper. A la troisième leçon, je lui remis une grande lettre d'une page pour le remercier de sa bonté pour moi et lui annoncer mon départ pour le lendemain.

« Je revins à Chambéry après cinq jours d'absence; j'avais une tablette, du papier et des livres. Je me mis à travailler. L'ouverture pour éclairer ma prison avait été faite par Notre-Dame de Lourdes; je le dis hautement, car le plus surpris de tous fut moi-même. Je fus aussi le plus heureux. Les deux ans et demi de ma réclusion me rendent douce cette vie nouvelle où l'intelligence n'est plus captive. »

Écoutons encore ce véritable chant de délivrance : « Comment pourrais-je exprimer le bonheur que j'éprouve de pouvoir lire et écrire en Braille! Ma vie est toute changée : j'ai des livres; chaque dimanche, la *Revue Braille* m'apporte une agréable distraction; j'échange déjà quelques correspondances, j'oublie mon malheur; je me sens revivre. Ce n'est plus cet affreux isolement, cette longue nuit décourageante, ce silence de mort, voisin du tombeau, mais *c'est la résurrection, c'est le retour à la vie, à la lumière, à la l'berté de l'intelligence; c'est la joie du captif qui voit tomber ses fers!* »

Le Père Célestin copie des livres en Braille; il correspond avec des personnes aveugles, dont l'une est sourde comme lui. C'est, comme il le dit, une vie toute nouvelle. Il serait facile de citer nombre d'autres exemples; on n'en saurait trouver de plus éloquent que le sien.

IV

L'Association Valentin Haüy.

Réadapté au monde extérieur et redevenu capable d'accomplir seul beaucoup d'actes de la vie courante, pourvu d'un métier qui suffit, au moins en partie, à ses besoins matériels, et qui l'attache au sentiment pénible de son inutilité, initié au système Braille qui lui permet d'occuper son esprit, et, dans certains cas, de participer aux joies de la plus haute culture intellectuelle, l'aveugle tend à se rapprocher d'une existence normale. Tel doit être son but. Ce n'est pas à dire qu'il puisse arriver à vivre comme les clairvoyants, et, pour redrenpre le

mot de M. de la Sizeranne, qu'il n'ait rien
perdu en perdant la vue. Ce serait un cruel
manque de tact si l'on paraissait ignorer son
infortune ; mais il ne faut pas que la sympathie
qu'il inspire se traduise par une compassion
inactive. Il faut étudier les ressources que la
cécité lui laisse, les lui révéler, et le mettre à
même d'en profiter. Ce n'est pas traiter à la
légère son épreuve que de vouloir en atténuer
pour lui les conséquences. A cet égard, il n'est
pas d'efforts plus louables, plus méthodiques
et plus persévérants, que ceux qui, depuis un
quart de siècle, sont tentés par l'Association
Valentin Hauy.

Fondée en 1889 par M. Maurice de la Sizeranne, reconnue en 1891 d'utilité publique, elle
embrasse, dans son activité multiple, toute la
question des aveugles. Ils sont trente mille en
France, et, contrairement à l'opinion reçue,
l'État ne les assiste que dans une faible mesure.
L'Association Valentin Hauy est entre les
groupes et les œuvres locales qui font un bien

réel aux catégories dont elles s'occupent, mais restreignent leur action à ces catégories, le lien vivant, le fil de transmission qui permet un constant échange des idées, des efforts de tous au profit de tous. Elle est auxiliaire et non rivale des œuvres ayant le même but; au lieu de créer des établissements analogues à ceux qui existent déjà, c'est vers ceux-ci qu'elle dirige ses patronnés. Elle coordonne, elle centralise toutes les bonnes volontés, toutes les compétences, tous les travaux, tous les projets qui tendent à l'amélioration du sort des aveugles. Elle y parvient grâce au concours actif de ceux de ses membres qui consacrent une part de leur temps et de leurs facultés au service de l'œuvre. Pour se faire quelque idée de son immense labeur, il suffira de savoir qu'elle a un mouvement annuel de près de cinquante mille lettres, reçues ou écrites dans l'intérêt des aveugles Quant à ses ressources matérielles, c'est par la générosité de ses membres qu'elles sont alimentées. Le Conseil

qui l'administre se compose en parties égales
de clairvoyants et d'aveugles, et il a pour secrétaire général M. Maurice de la Sizeranne lui-
même. Il se partage en trois commissions qui
se réunissent périodiquement : administration
et propagande, études et publications, patronage.

La commission d'études et publications est
formée de spécialistes qui étudient en commun
toutes les questions relatives aux aveugles,
qui se tiennent au courant de toutes les inventions, de toutes les méthodes proposées en
France ou à l'étranger. Systèmes d'enseignement intellectuel et professionnel; unification
de ces systèmes et coordination des efforts;
expérimentation des procédés et des appareils
nouveaux; perfectionnement et vulgarisation
du matériel scolaire et de l'outillage spécial;
impression et vente à bon marché des livres en
relief, afin de diminuer l'écart énorme exis-
tant entre le prix de ces livres et les ressources
des aveugles; choix des ouvrages à publier;

organisation de concours pédagogiques et
autres : tel est le champ d'étude de cette commission qui est le groupe *technique* de l'Association Valentin Haüy.

C'est par ses soins que s'accroît l'immense
bibliothèque Braille réunie au siège de l'œuvre.
Fondée en 1884, cette bibliothèque renferme
actuellement quarante mille volumes (lettres
et musique) imprimés ou manuscrits en points
saillants. Elle est alimentée par les dons des
établissements qui impriment à l'usage des
aveugles et surtout par le travail bénévole de
plus de mille personnes qui se sont familia-
risées avec ce système d'écriture en relief et
transcrivent des livres destinés aux aveugles.
Il en est de tous les genres : religion, philoso-
phie, histoire, littérature, pédagogie.... Saint
Augustin, Racine, Molière, Beaumarchais,
Xavier de Maistre, Hugo, Coppée, etc., figu-
rent au catalogue. Les livres une fois transcrits sont reliés par des aveugles et mis en
circulation. Le service est confié à des biblio-

thécaires non moins aveugles que les lecteurs
qui viennent eux-mêmes faire leur choix. Les
volumes circulent par toute la France et à
l'étranger; ils sont envoyés en colis postaux à
des aveugles isolés, ou expédiés périodiquement, sous forme de bibliothèques roulantes,
dans une soixantaine de localités, pour l'usage
d'un certain nombre d'aveugles instruits, dont
ils constituent souvent l'outil professionnel de
première nécessité. Quand la lecture a usé les
manuscrits, ils sont recopiés par des aveugles
qui, n'ayant pas de travail plus lucratif,
gagnent ainsi quelques centimes par heure. La
bibliothèque Braille compte aujourd'hui près
de deux mille lecteurs et son mouvement
annuel dépasse cinquante mille volumes.

La commission d'études assure encore la
publication de plusieurs revues. Le *Louis
Braille*, recueil bi-mensuel, imprimé en relief,
a été fondé en 1883. C'est une revue d'utilité
pratique, destinée aux aveugles instruits. Elle
fournit l'explication des systèmes, des appa-

UN BIBLIOTHÉCAIRE AVEUGLE CHERCHE
L'OUVRAGE DEMANDÉ

reils nouveaux ou perfectionnés, reconnus
bons et utilisables par les gens compétents;
elle donne des biographies d'aveugles remarquables, dont les exemples peuvent être salu-
taires, des articles sur des questions spéciales
intéressant directement les aveugles, des cata-
logues des livres et des œuvres musicales
publiés en Braille; elle répond aux questions
des abonnés, les renseigne sur les emplois
obtenus par des aveugles ou sur les fondations
d'établissements spéciaux, etc.

La *Revue Braille*, imprimée également en
relief et fondée en 1884, informe chaque
semaine ses lecteurs de ce qui se passe dans le
monde littéraire, scientifique, musical, poli-
tique, en France et à l'étranger. Rédigée par
des écrivains d'une véritable valeur, elle tient
l'aveugle intelligent au courant de tout ce qui
préoccupe les esprits cultivés et lui permet de
prendre part à leur conversation. Grâce au
Louis Braille, l'aveugle n'est plus isolé au
milieu des aveugles; grâce à la *Revue Braille,*

il n'est plus isolé au milieu des clairvoyants.

Enfin, le *Valentin Hauy*, fondé en 1883 et imprimé à l'usage des clairvoyants, a pour but de faciliter la tâche à tous ceux qui s'occupent des aveugles. Cette revue universelle des questions relatives à la cécité est, en même temps, le bulletin mensuel de l'Association Valentin Haüy. Elle s'adresse aux directeurs et aux professeurs des établissements consacrés aux aveugles, à tous les « typhlophiles » français et étrangers Elle répand, dans le monde entier, une immense quantité de faits et d'informations pouvant les intéresser; elle centralise les renseignements les plus utiles et les plus divers et publie aussi des études approfondies sur tous les sujets qui préoccupent ou doivent préoccuper les spécialistes.

La commission de patronage est formée de membres du conseil d'administration, auxquels sont adjointes, comme auxiliaires, de nombreuses patronnesses. Elle a déjà constitué, depuis la fondation de l'Association Valentin

Hauy, près de onze mille dossiers d'aveugles.
Elle assure à ces aveugles le secours moral
et matériel sous toutes les formes. Ils sont
répartis, suivant leur âge et leur situation, en
quatre catégories : enfants, apprentis, travailleurs, vieillards ou impotents, et la commission de patronage se fractionne en autant de
sections.

Elle veille sur les premières années de
l'enfant privé de la vue et, parfois, doit
l'arracher à des parents indignes qui le mal-
traitent ou l'exploitent. Dans certains cas, elle
obtient son admission à l'école primaire, en
attendant son entrée à l'école spéciale; elle
dirige, par ses conseils, l'instituteur et les
parents dans cette première éducation si
importante. Elle facilite, enfin, l'accès de
l'école spéciale; bref, elle procure à l'enfant le
bienfait d'une éducation religieuse, intellectuelle et professionnelle.

Elle vient en aide aux aveugles désireux et
capables d'apprendre un métier; elle les guide,

suivant les circonstances et leurs aptitudes, dans le choix de ce métier; elle obtient pour eux des bourses des conseils généraux et municipaux, des secours des particuliers ou des institutions charitables et en accorde elle-même dans la mesure de ses ressources.

La plus grande difficulté n'est pas d'apprendre aux aveugles à gagner leur vie, mais bien de la leur faire gagner. Tout conspire pour les empêcher d'utiliser leur profession. Le public ne leur refuse jamais sa sympathie; mais il se défie trop souvent de la qualité de leur travail; il aimera mieux leur faire l'aumône que de leur donner sa clientèle. L'Association Valentin Haüy luttera pour eux et avec eux; travail et clientèle, elle s'emploiera à les leur trouver; démarches, recommandations, conseils, elle ne ménagera rien; elle donnera ou prêtera l'outillage et les matières premières, s'il s'agit d'ouvriers, les livres et les instruments de musique, s'il s'agit d'organistes, de professeurs ou d'accordeurs.

Quant à ceux que leur âge ou leur état de santé rendent incapables de pourvoir à leur subsistance, l'Association Valentin Hauy les visite, les secourt chez eux, principalement par des dons en nature : comestibles, charbon, meubles, vêtements Elle s'occupe de les faire hospitaliser ou de leur obtenir des secours de l'Assistance publique et des institutions charitables créées pour tous les indigents.

Mentionnons encore de nombreuses créations annexes : une école pour les fillettes aveugles et arriérées physiquement ou intellectuellement, un cours de massage, un atelier d'apprentissage de brosserie pour les femmes, un atelier pour la fabrication des sacs en papier, l'œuvre des mères de famille aveugles, un magasin de vente où sont exposés tous les objets fabriqués par des aveugles, à qui l'Association les commande et les paie comptant pour les écouler ensuite à ses risques et périls, un vestiaire et un garde-meubles formés par des dons en nature, une caisse

des loyers, des consultations juridiques gra-
tuites [1].

On voit, par ce qui précède, que l'Association Valentin Haüy s'intéresse à tous les
âges et à toutes les situations. Ce qu'elle
entend pratiquer avant tout et dans la plus
large mesure possible, c'est *l'assistance par le
travail* et *l'aide morale*. De l'argent, certes, elle
en distribue autant et du mieux qu'elle peut. Il
est des misères noires et pressantes que
l'aumône seule peut atténuer. Ceux qui sont
familiers avec les intérieurs pauvres, où l'on
vit au jour le jour, savent la puissance presque
merveilleuse d'une pièce de dix francs arrivée
à temps; mais l'Association Valentin Haüy n'en
proclame pas moins, avec une énergie inlas-
sable, que le but final de son œuvre, c'est,
autant que possible, de rendre l'aveugle

1. Les détails qui précèdent sont empruntés à une
notice intitulée : *L'Association Valentin Haüy pour le bien
des aveugles.*

SALLE DE VENTE DES OBJETS MANUFACTURES PAR LES AVEUGLES

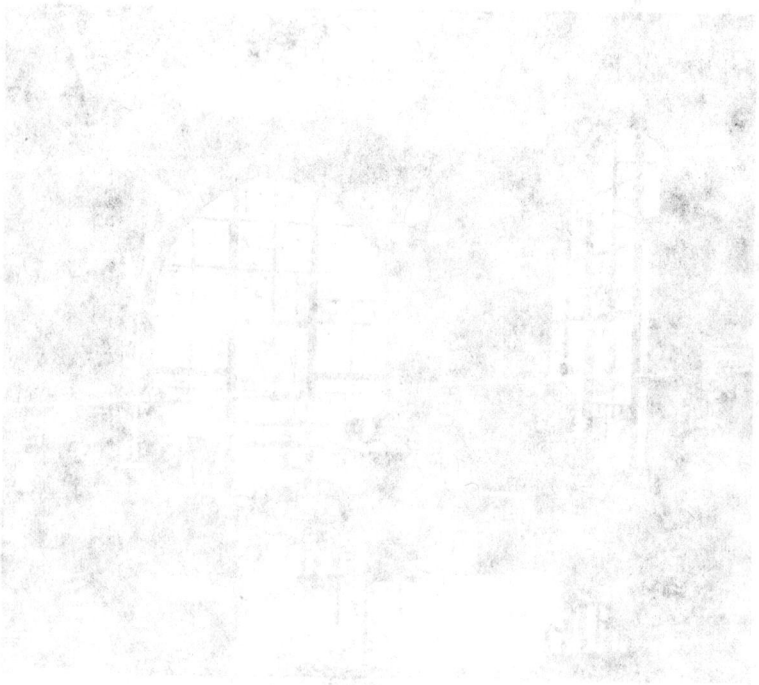

capable de gagner sa vie. Les aveugles peuvent *travailler*; ce que les aveugles demandent, c'est du *travail*, voilà ce que M. de la Sizeranne répète sans cesse dans ses ouvrages.

Les aveugles demandent aussi qu'on les aime, qu'on s'associe à leurs joies ou à leurs peines, qu'on les encourage, et qu'on les console. Les patronnés de l'Association Valentin Haüy ne sont pas de simples administrés, des numéros de dossiers dont elle se désintéresse dès qu'elle a fait pour eux certaines démarches, ou ratifié une demande de secours. Ils sont des êtres qui luttent et qui peinent, dont elle suit affectueusement les étapes, les progrès ou les reculs. Elle est pour eux comme une grande famille. On écoute ou on lit avec intérêt les confidences qu'ils font de leurs espoirs ou de leurs craintes, les menus détails de leur existence. On les félicite, s'ils réussissent; on les relève, s'ils sont abattus On les visite ou on leur écrit. On s'enquiert, auprès de leur curé ou de leur maire, de ce qu'ils deviennent.

Beaucoup écrivent de longues lettres, qui s'insèrent dans leurs dossiers entre les pièces administratives. L'Association Valentin Haüy, si avare de son temps, ne dédaigne pas ces lettres naïves, où ses patronnés aiment à se raconter. Tous les sentiments s'y trouvent, depuis le désespoir de l'homme qui songe au suicide, jusqu'à la joie virile de celui qui récolte le fruit de ses efforts et de son travail. Et que de remerciements exprimés parfois avec une effusion touchante! A l'époque du jour de l'an, c'est comme une avalanche de souhaits qui, de tous les coins de la France, vient s'abattre sur l'Association. Ce n'est point là du style officiel, le formulaire dont on use pour solliciter telle ou telle faveur d'une administration. C'est de la vie toute palpitante, et l'Association Valentin Haüy encourage ces expansions, sachant bien que le meilleur de sa tâche est de se faire la confidente de ses protégés.

Veut-on sentir avec quelle sollicitude, quelle

tendresse clairvoyante, elle devine leurs impressions, elle s'identifie à eux? Qu'on lise cette
page si *vécue* de M. de la Sizeranne :

« C'est un jour d'été, à onze heures du matin.
Voici un jeune homme qui arrive dans une
petite ville où il doit s'établir et exercer tel ou
tel métier ; il est envoyé par l'école qui l'a élevé
et doit trouver des personnes qui s'intéressent
à lui. — Oui, l'une d'elles est venue l'attendre
à la gare ; on le conduit à travers les petites
rues de la petite ville, rues où le soleil darde
perpendiculairement ses rayons. Tout est silencieux ; c'est l'heure du dîner, de la sieste, la
chaleur est écrasante et bien faite pour
émousser les volontés. Le jeune homme prend
possession de la chambrette toute meublée à
dix francs par mois qu'on lui a retenue. On y a
monté son mince bagage. La personne qui le
protège lui dit ce qu'on appelle quelques bonnes
paroles : « Vous réussirez, mon ami, ayez cou-
« rage, etc. » et elle se retire. La porte se referme ;
notre jeune ami se trouve en face de lui-même.

C'est peu.... Eh bien, pensez-vous que si, le
lendemain, une lettre lui arrive, venant de
l'Association Valentin Haüy, lui demandant où
il en est, quelles sont les difficultés qu'il rencontre, et qu'une correspondance s'engage,
pensez-vous que cela ne sera pas, pour le débu-
tant, un vrai bienfait? Il y a, dans le monde,
tant de personnes qui ont besoin d'être encou-
ragées, conseillées, aidées moralement; les
aveugles n'échappent pas à ce besoin, au contraire, car, pour eux, les difficultés de la vie
sont cent fois plus nombreuses. »

Mieux que toutes les descriptions, une visite,
faite de préférence le mercredi, au siège même
de l'Association Valentin Haüy, à cette « maison
des aveugles » installée rue Duroc, donnera
l'impression concrète de son immense activité.
Ce sera une véritable leçon de choses. Tous les
détails convergeront vers une démonstration
unique, celle des résultats que l'aveugle peut
obtenir en travaillant.

Dès l'entrée, au rez-de-chaussée, vous trouvez

la grande salle de vente, où sont réunis de
nombreux articles de brosserie, vannerie,
tricot, etc. Vous allez ensuite vers l'escalier.
Vous vous arrêtez sur les marches pour
regarder au mur des notices et des images de
propagande. Dans une saisissante antithèse,
vous voyez rapprochés l'aveugle tel qu'il était
jadis et l'aveugle tel qu'il est ou doit être
aujourd'hui : le premier, mendiant pittoresque,
mais pitoyable, le second, établi dans un intérieur modeste, mais décent, entouré d'une
famille qu'il soutient de son travail personnel.
Une gravure sensationnelle, presque invrai-
semblable, vous présente le sculpteur aveugle
Vidal, entré dans la cage d'un lion avec le
dompteur, et caressant, palpant de ses doigts
agiles, pour l'imprimer dans sa mémoire, l'ana-
tomie du fauve à demi résigné.

En débouchant sur le palier, au premier
étage, vous allez à la salle du musée Valentin
Haüy, meublée par une généreuse bienfaitrice
de l'Association, et ce sont les œuvres de ce

même sculpteur qui, dès la porte, accrochent
vos regards : trois bronzes représentant un lion,
un taureau et un cerf. Vous passez devant les
étagères vitrées où sont exposés tous les objets
fabriqués à l'usage des aveugles : tablettes
Braille de modèles français et étrangers,
montres, mappemondes et cartes en relief, etc.
Ailleurs, ce sont des dentelles faites par des
aveugles. A travers la vaste salle bien éclairée,
quelqu'un circule avec aisance et sans bruit.
C'est le conservateur du musée, aveugle lui-
même. A votre démarche hésitante, il devine
que vous n'êtes pas un habitué de la maison et,
fort obligeamment, il vous demande si vous
désirez voir quelqu'un. Vous revenez dans le
corridor au long duquel se succèdent différents
bureaux, patronage, secrétariat particulier,
secrétariat général, et la salle de la bibliothèque
Valentin Haüy, où se trouve réuni tout ce qui
a été publié et se publie concernant les aveugles.
Partout, sur les murs, des appels aux visiteurs,
des notices : l'une d'elles, répandue à des mil-

LE CONSERVATEUR AVEUGLE
DU MUSÉE VALENTIN HAÜY EXAMINE UN BRONZE
DU SCULPTEUR AVEUGLE VIDAL

liers d'exemplaires par l'Association Valentin
Haüy, indique les soins urgents à prendre, dans
l'attente du médecin, pour les nouveau-nés
menacés d'ophtalmie purulente. Qui sait com-
bien d'enfants cette notice aura préservés de la
cécité? Vous croisez des gens affairés qui vont
et viennent, clairvoyants et aveugles. Ces der-
niers, sans aucun secours, d'un pas à peine
plus hésitant, s'arrêtent juste devant la porte à
laquelle ils veulent frapper. Vous voilà sur leur
chemin, vous vous apprêtez à leur faire place,
mais un je ne sais quoi les a déjà avertis de
votre présence, et, d'eux-mêmes, ils s'effacent
ou tournent l'obstacle. Cependant, les sonneries électriques, les « allô, allô » des téléphones
retentissent et les apprentis-accordeurs font
résonner les pianos d'étude.

Ce n'est pas la fin de vos surprises. Montez
au second étage et entrez à la bibliothèque
Braille. Vous y verrez ses milliers de volumes
qui s'alignent sur des rayons installés confor-
mément aux principes les plus modernes de

l'hygiène des livres, avec toutes les précautions nécessaires contre leur grande ennemie, l'humidité. Le bibliothécaire aveugle vous fera les honneurs de son domaine avec la plus parfaite bonne grâce. Il ira droit au volume que vous lui demandez au hasard et, debout, appuyant sur son corps, de la main gauche, le livre ouvert, il effleurera les signes de sa main droite, pour vous lire un paragraphe aussi vite qu'un clairvoyant.

En sortant de la maison, vous trouverez, dans une annexe, l'atelier de brosserie, la salle pour la fabrication des cornets en papier, le vestiaire, le garde-meubles. Revenu à la rue, vous rencontrerez encore des aveugles qui entrent ou qui sortent, car c'est là qu'ils aboutissent, riches ou pauvres, comme à leur centre, c'est là qu'est leur maison commune. C'est là que, pour tant d'eux, a lui le premier rayon d'espoir qui a percé leurs ténèbres, qu'ils ont entendu les premières paroles réconfortantes qui leur faisaient entrevoir un avenir moins sombre, écartaient le cauchemar de la misère et leur redonnaient confiance.

L'association Valentin Haüy ne pouvait manquer d'offrir son aide à nos soldats aveugles. On vient de voir avec quelle ardente charité et quelle compétence elle le peut faire. Dès le commencement de la guerre, elle s'est mise à la disposition de la Direction du Service de Santé et des Comités de la Croix-Rouge. Partout où des soldats ayant perdu la vue lui avaient été signalés, elle les a fait visiter par des aveugles et des typhlophiles, qui, tout de suite, se sont occupés d'eux, examinant leurs aptitudes, leur enseignant le Braille. Elle s'intéresse également à ceux qui sont déjà rentrés dans leurs familles et correspond avec eux dans toute la France. Des soldats avaient déjà commencé leur apprentissage dans ses locaux. Elle vient d'y installer un atelier qui lui permettra d'en instruire vingt à la fois, par roulement. Pour les loger et les nourrir, elle s'est entendue avec l'association des Dames fran-

çaises, qui met à sa disposition un pavillon de
l'hôpital établi à l'Institution nationale des
jeunes aveugles, boulevard des Invalides.
Après leur apprentissage elle s'occupera de
leur installation et suivra leur existence. Elle
demande donc à tous les gens de cœur de lui
faire connaître tout militaire atteint de cécité
totale ou partielle. Elle les prie aussi de l'aider
matériellement par des dons, si modestes
soient-ils, à subvenir aux dépenses supplé-
mentaires, bien imprévues, qui vont lui être
imposées du fait de ces nouveaux et si nombreux aveugles.

V

L'Ame de nos Soldats Aveugles.

Il y a quelque temps, le général Niox, remettant la médaille militaire, dans la cour d'honneur de l'Hôtel-Dieu, à quatre soldats aveugles, leur disait : « Vous êtes les plus éprouvés, vous serez les plus aimés, les plus respectés ». Épreuve écrasante, en effet, sous laquelle, tout d'abord, les plus vaillants eux-mêmes fléchissent. Plusieurs avouent que, dans les premiers temps, ils étaient désespérés, qu'ils auraient préféré mourir. Il en est même qu'on a dû surveiller pour qu'ils n'attentent pas à leurs jours.

Un grand nombre, cependant, se ressaisissent et certains même très rapidement. C'est l'effet de leur vaillance innée; c'est aussi le travail qui, bien vite, porte ses fruits. Les officiers donnent l'exemple. Un commandant et un capitaine, en traitement au Val-de-Grâce, ont déjà appris à lire le Braille. Un capitaine, à Caen, instruit par un professeur aveugle de la Faculté des lettres, sait également lire le Braille et collabore à l'éducation de ses enfants. De Chalon-sur-Saône, un autre écrit à l'Association Valentin Haüy pour se faire envoyer divers ouvrages en Braille, du papier pour écrire le Braille, un précis de lecture et d'écriture, de la musique en Braille. Un lieutenant, à Fontainebleau, a été de même initié à la méthode par des membres de l'Association. On en pourrait citer d'autres.

Même volonté courageuse chez les soldats. En voici un, tout jeune, qui a perdu ses yeux et le bras droit. Il a si bien étudié le Braille, qu'en peu de temps, il a pu le lire et l'écrire

de sa seule main gauche. Il veut apprendre la
musique et le cornet à piston, le seul instrument, lui a-t-on dit, dont il puisse jouer.

Tel autre, sans se plaindre jamais de son
sort, se rongeait silencieusement de tristesse.
Il sourit, pour la première fois, le jour où on
lui fait entrevoir la possibilité d'apprendre dès
maintenant la brosserie. Huit jours plus tard,
on revient lui dire que tout est prêt, qu'il peut
commencer le lendemain, qu'il trouvera un
camarade qui vend déjà des brosses; ce n'est
plus alors un sourire, mais un vrai rire de
contentement, et ce garçon, si renfermé jusqu'alors, devient expansif.

L'héroïsme de ces hommes se révèle dans
leurs propos. Voici un père de famille, un cultivateur des Ardennes, dont la tête a été si
abîmée, qu'il est aveugle, dur d'oreilles, avec
la mâchoire déplacée : « Je ne me trouve pas
malheureux, dit-il, j'ai mes parents, j'ai ma
femme, ma petite fille; j'aurais pu être tué et
je vis.... Non, je ne suis pas un des plus malheu-

reux.... Je ne regrette rien; j'ai fait le sacrifice
de ma vue pour le pays, pour vous, pour garder
nos 'biens.... Je ne sais pas si, un jour, j'y
verrai un peu, mais j'aime mieux me persuader
dès maintenant que je suis aveugle et m'habituer à cette pensée. Si j'y vois, tant mieux; si
je n'y vois plus, je n'aurai pas de déception. »

Un autre, âgé de vingt-huit ans, raconte les
circonstances dans lesquelles il a été blessé.
Les Allemands approchaient; tous blessés ou
morts, les officiers ne donnaient plus d'ordres;
sans hésiter, il crie lui-même : « Baïonnette au
canon! » Les Allemands n'étaient plus qu'à
quelques mètres. Les camarades obéissent; il
prépare son arme et se soulève pour bondir
lorsqu'il est atteint par une balle. Tranquille-
ment, il conclut : « Malgré ce qui m'est arrivé,
si c'était à recommencer, je recommencerais. »

Celui-ci a deux enfants, dont un né depuis
la guerre. Il habitait Paris. Que va-t-il faire
maintenant? Il s'installera à la campagne avec
sa petite famille, pour y vivre plus économi-

quement. Dès maintenant, il va commencer
son métier de brossier; il entrevoit la possibilité de travailler pour telle maison de son pays,
et il espère ouvrir un petit commerce d'épicerie
que tiendra sa femme. Celui-là ne s'est pas
découragé un seul jour.

Cet autre, un Breton, décoré de la médaille
militaire, s'est sacrifié pour sauver la vie de
plusieurs camarades. Ils sont dans une tranchée, au Four-de-Paris; les Allemands leur
jettent des bombes, dont la plupart n'éclatent
qu'au bout de deux minutes. L'une tombe sur
un groupe de soldats. Si on ne la ramasse, elle
va éclater et les tuer tous. Notre Breton la
prend sans hésiter pour la relancer dans le
camp ennemi. Il est trop tard. La bombe éclate
dans sa main, la lui arrache, lui brûle la figure
et les yeux. Il a terriblement souffert; il a dû
être trépané. Ses blessures l'ont privé de sa
main, rendu aveugle, et, circonstance particulièrement aggravante, dur d'oreilles. Néanmoins, il est resté calme, affable, souriant. On

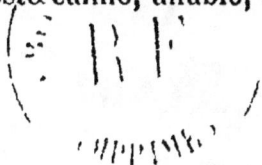

7

lui a indiqué le Braille comme occupation possible ; il s'y est mis avec ardeur [1].

Un cultivateur écrit à quelqu'un qui s'est
intéressé à lui : « Je viens d'être souffrant ces
jours-ci, plusieurs éclats m'ont sorti dans la
bouche ; mais je vais mieux. Je connais bientôt
le travail ; je commence à me rendre utile dans
les ménages, aux soins des bestiaux. Je préfère
rester dans ce métier.... Je porte ma croix toujours avec grand courage. Je reçois tous les
jours plusieurs lettres de Paris ; je vois que
personne ne m'ont pas oublié.... »

Et de quel charme juvénile se pare l'héroïsme
d'Albert Pagenel ! Ouvrier ébéniste à Paris,
avant la guerre, il a vingt et un ans et paraît
en avoir dix-huit. La guerre le trouve brigadier au 3e chasseurs à cheval. Le 1er septembre, à Anglemont, près de Rambervillers,

---

1. Les divers traits qui précèdent ont été recueillis
par l'une des visiteuses les plus dévouées de nos soldats
aveugles, dont les notes ont été publiées, en partie, par
l'Association Valentin Haüy.

il est envoyé en reconnaissance avec quelques hommes de son peloton. En revenant, au détour d'un bois, la petite patrouille est saluée d'une vive fusillade. Pagenel est frappé à la partie supérieure de la joue par une balle qui lui traverse les deux yeux. Ramené à son escadron, il refuse de se laisser panser avant d'avoir dicté son rapport sur la reconnaissance dont il avait été chargé. Il est décoré de la médaille militaire.

Dès qu'il est transportable, il est évacué sur l'hôpital de Valence où sa navrante infortune attire l'attention de Mlles T..., dont nous citions plus haut les conseils si judicieux à l'adresse de tous ceux qui s'intéressent aux aveugles. Grâce à elles, il sait déjà lire et écrire en Braille. Il se prépare à apprendre un métier qui le fera vivre, le cannage des chaises. Sa jeunesse, sa bonne grâce et sa modestie ne s'expriment-elles pas avec un bien joli tour dans cette lettre émue et délicate qu'il écrit à ses protectrices?

« Mes chères amies,

« J'ai reçu votre longue et charmante lettre
qui fait tant plaisir, car, après sa lecture, en
pensant à ce que renfermaient ces pages, j'ai
revécu pendant de longues heures à Valence,
que j'ai bien souvent regretté, et parfois,
lorsque je me trouve un instant seul, ma pensée
vous revient. Je revois tout ce que vous avez
fait pour moi depuis ce premier jour de septembre où vous m'avez vu pour la première
fois. J'étais alors dans un état physique et
moral bien lamentable, et vous vous êtes si
gentiment occupées de moi ; et il a bien fallu
toute la bonté d'âme dont vous êtes douées,
pour venir, ainsi que trois grandes sœurs
— car je n'oublie pas Mlle Yvonne — passer
l'après-midi de visite auprès de mon chevet ;
car, la première fois, je devais vous faire un
bien triste accueil, et vous m'avez fait entrevoir
le côté rose de mon malheur ; et après, M. T...

a fini de me convaincre par ses conseils bien paternels. Enfin, si j'ai la vaillance dont vous me qualifiez bien souvent, vous en êtes les auteurs et je vous en garderai toujours une profonde reconnaissance.

« J'ai bien reçu toutes les correspondances que vous m'avez adressées; j'ai reçu aussi *Pages de gloire.*

« Mes parents ont été bien contents et ils sont fiers de voir que leur fils est un héros. Que les apparences sont trompeuses !...

« Je suis obligé de terminer, faute de place, en vous priant de vouloir excuser mon style décousu et toutes les fautes que j'ai faites.

« Je vous envoie mon meilleur souvenir à tous.

« ALBERT PAGENEL. »

Dans une autre lettre, Pagenel envoie un billet de cinq francs pour qu'il soit joint au produit d'une vente faite par ses protectrices

au profit d'un aveugle. « C'est, dit-il, la première dépense que je fais aux dépens de mon
allocation. »

Pour terminer par un exemple où se trouvent réunis tous les traits caractéristiques du
courage à la française, délicatesse de cœur,
gaieté, simplicité et bonhomie, nous citerons
le récit pittoresque et ému que, d'une plume
si alerte, une patronnesse de l'Association
Valentin Haüy a tracé de sa première visite au
sergent René-Claude Panterne.

« En arrivant, le matin du 1ᵉʳ mai, à Angers,
pour y visiter surtout les soldats aveugles
hospitalisés dans cette ville qui paraissaient
susceptibles d'être dirigés vers le massage,
j'apprenais des charitables typhlophiles venues
au devant de moi qu'elles avaient, tout récemment, entendu parler de la cérémonie de la
décoration de la médaille militaire conférée à
Angers à un soldat aveugle qui n'y était point
hospitalisé, mais régulièrement domicilié, chez
lui, qu'elles savaient vaguement porter un nom

dans le genre de Panthère (!) et être un ancien menuisier.

« Naturellement, je me précipitais chez ce brave garçon, dont Mme L..., mon aimable guide, s'était procuré l'adresse. Chemin faisant, je répétais à cette dernière : « Oh ! s'il pouvait « se remettre à la menuiserie ! » C'est toujours le rêve de l'Association Valentin Haüy que les aveugles conservent leur ancien métier, lorsqu'il n'y a point à cela d'obstacle insurmontable.

« Nous arrivons 35 rue Savary, en face d'une boutique au seuil de laquelle un jeune ouvrier menuisier s'informe poliment de ce que nous désirons. En lui répondant, j'explorais, pardessus son épaule, un atelier où j'apercevais tout d'abord un homme d'une trentaine d'années, dont les yeux s'abritaient, ou se cachaient, derrière des lunettes noires, et qui rabotait avec entrain. Mon soldat ! c'était lui ! il rabotait... il était sauvé.

« En apprenant que nous le demandions

parce que nous nous intéressions à ceux qui
ont laissé leurs yeux sur le champ de bataille,
il appelait sa femme et nous faisait entrer
dans une jolie petite arrière-boutique, très
proprette, très soignée, où nous avions, avec
le jeune ménage, l'une des conversations les
plus réconfortantes que j'aie eues de ma vie.
Claude Panterne (et non Panthère!) est un
patron menuisier, passionnément attaché à sa
profession. « Oh! Mademoiselle, j'aime *le bois* ! »
me disait-il avec conviction. Il s'est marié, en
novembre 1913, avec une jeune femme qui m'a
paru pleine de cœur et d'énergie. La guerre
déclarée, il est parti avec le 232ᵉ d'infanterie.
Le 17 octobre, à Bernécourt, près Pont-à-
Mousson, une balle par ricochet lui a crevé
l'œil gauche. L'œil droit n'a point tardé à se
perdre. On a engagé sa femme à venir le chercher à Toul, où il était soigné. Elle a cru
qu'elle pourrait le ramener tout de suite;
mais, lorsqu'après beaucoup de difficultés,
elle l'a rejoint, elle l'a trouvé tellement malade

que bien des semaines ont dû s'écouler avant qu'il fût transportable. Et le manque de ressources a terriblement compliqué pour elle cette prolongation de voyage. « Je suis arrivée « pres de lui pour célébrer l'anniversaire de « notre mariage », nous disait-elle. — « Bien « tristement, pauvre petite! » — « Bien triste- « ment?... oui et non. Sans doute, ce n'était « pas gai de le retrouver aveugle ; mais c'eût « été tellement plus affreux de ne pas le « retrouver du tout que, par comparaison, je « m'estimais très heureuse. »

« Panterne a souffert longtemps de ses yeux. C'est vers le milieu d'avril que cela a cessé. Alors, il a tout de suite cherché à se remettre à l'ouvrage. Il se figurait qu'il ne serait plus capable de presque rien, et ç'a été pour lui une délicieuse surprise de découvrir tout ce qu'il pouvait encore faire sans y voir. Que sera-ce lorsqu'au lieu de quinze jours de rééducation, son toucher se sera perfectionné durant plusieurs mois!

« Sa femme, son contremaître, ses ouvriers,
se montrent parfaits pour lui. Il bénit cet
entourage qui facilite son adaptation à une vie
nouvelle. Il est plus que probable qu'il s'était
montré très bon le premier envers ceux qui,
maintenant, sont si bons à son égard.

« Le guide Wagner l'a immédiatement
enthousiasmé. Mais le Braille ne lui disait pas
grand'chose. Il savait qu'on le lisait; il ne se
doutait pas qu'on l'écrivît; et la lecture ne
jouait qu'un rôle assez accessoire dans son
existence, de bonnes âmes surtout se chargeant
de lui lire le journal. L'idée de pouvoir prendre
lui-même une commande, d'inscrire un compte
ou une adresse sur une tablette de poche com-
mençait à l'ébranler, quand sa jeune femme a
achevé de le conquérir à l'étude du Braille en
lui disant gaiement : « Tiens, Claude, vois tu,
« nous allons l'apprendre ensemble, à qui ira le
« plus vite. Ce sera très amusant. Et puis, tu
« aimes bien, de temps en temps, aller passer
« trois ou quatre jours chez ta mère, en me

« laissant la garde de la boutique. Pendant ce
« temps, nous nous écrirons tous les jours sans
« être obligés de mettre personne en tiers dans
« notre correspondance. C'est ça qui sera gen-
« til ! » Claude souriait, je battais des mains,
une larme au coin de l'œil, et j'avais bien envie
d'embrasser sa vaillante petite compagne.

« Un petit faible que nous lui avons décou-
vert, ç'a été celui de taquiner en famille la
dame de pique. Il croyait bien y avoir renoncé
pour toujours. La perspective de reprendre sa
manille ou son piquet, avec nos cartes pointées,
a achevé de le mettre en liesse.

« Cher brave Panterne! il nous remerciait
avec effusion du si peu que nous faisions pour
adoucir son épreuve, alors que c'est nous qui
aurions dû nous mettre à genoux pour le
remercier de ce qu'il avait fait pour nous. Nous
nous rappellerons toujours quelques lignes tracées par lui le jour où il avait été décoré de la
médaille militaire. Sa main hésitait peut-être
un peu, mais point son cœur, quand il ratifiait

le sacrifice fait à la patrie et écrivait : « Vive la France! »

N'est-on pas frappé, dans tous les exemples qui précèdent, du naturel, de la mesure que gardent nos soldats en s'exprimant? Nulle grandiloquence, nulle emphase. Il semble qu'ils ignorent volontairement leur héroïsme et qu'ils évitent de s'en faire accroire à eux-mêmes et aux autres. C'est avec de telles ressources d'énergie, avec cette vaillance souriante et simple, que ceux qui ont perdu la vue s'efforcent de se réadapter à la vie. Si, parfois, ils écoutaient les confidences de beaucoup de leurs frères en infortune, qui, depuis de longues années déjà, ont refait leur existence, ils y trouveraient de puissants motifs d'encouragement. Et que de clairvoyants seraient surpris de ces confidences! Quel étonnement d'entendre certains aveugles parler de résignation presque joyeuse!

C'est un fait d'expérience, cependant, que cette sérénité d'âme chez beaucoup d'aveugles.

Isolés du monde extérieur, ils se replient sur
eux-mêmes et acquièrent une grande force de
méditation et d'intuition. Obligés, plus que
les clairvoyants, à se contenter d'eux-mêmes,
ils cherchent et trouvent au fond de leur âme
toutes les richesses morales que Dieu y a
déposées, toutes les raisons de croire, d'espérer
et d'agir; ils s'élèvent à une conception de la
vie toujours plus généreuse et plus idéaliste.
Écoutons l'un des plus distingués d'entre eux
parler de « la joie très spéciale de l'aveugle qui
a réalisé une tâche difficile, qui a dû, pour
édifier son œuvre, supporter dans le silence
des peines de toute nature, grandes et petites,
réduisant une à une chaque difficulté, avançant
malgré l'entrave, mais avançant toujours, faisant de l'entrave même une sorte d'aide.
Familier avec l'obstacle, l'obligation de le
maîtriser lui fait prendre des habitudes d'ordre,
de prévoyance, de discipline, qui vivifient son
action et la rendent plus efficace. Enfin, il est
parvenu, il a mis debout une chose ayant

quelque grandeur; alors, à la fois humble et
fort, il bénit Dieu, et toutes les peines souffertes
se transforment en une joie d'autant plus pré-
cieuse qu'elle est cachée, qu'elle est à soi seul;
il la recueille dans un repli secret de son être,
comme une de ces joies que nul ne peut ravir.
Heureux l'homme qui possède un pareil
trésor! »

C'est le même qui constate que « nul n'est
plus naturellement accessible que l'aveugle au
sentiment religieux, qu'en effet, *son instinctif
besoin de lumière le pousse à jouir des clartés
invisibles*, et que cet attrait pour les biens de
l'au-delà explique, en grande partie, pourquoi,
presque toujours, il sait voir dans les choses
un côté qui ressemble au bonheur ». Ce sont
là des phrases qu'un clairvoyant n'oserait pas
écrire, tant il craindrait de paraître odieux en
prenant trop aisément son parti de l'infortune
des autres; mais c'est un aveugle qui parle, et
qui cite, à l'appui de son expérience, d'autres
témoignages d'aveugles :

« Ma vie, dit l'un, est plus difficile, plus âpre, parce que j'ai manqué de dons naturels; mais la religion l'éclaire, la rend supportable, méritoire; elle m'aide à accepter toute chose avec une résignation qui touche de bien près à la joie. »

« La cécité, dit un autre, qui m'a privé de voir le monde, m'a donné tous les moyens d'admirer le ciel. »

Ainsi, Milton, le grand poète aveugle, s'écriait magnifiquement : « Brille donc d'autant plus intérieurement, ô céleste lumière! Que toutes les puissances de mon esprit soient pénétrées de tes rayons, mets des yeux à mon âme, disperse et dissipe loin d'elle tous les brouillards, afin que je puisse voir et dire des choses invisibles à l'œil mortel. »

Mais ne demeurons pas sur ces hautes cimes, d'où nous pourrions perdre de vue des réalités plus humbles et plus poignantes. Tous nos soldats aveugles n'y atteindront peut-être pas, et ceux-là mêmes qui s'élèveront à ces

hauteurs, connaîtront, auparavant, bien des
heures difficiles. Ils auront à subir, dans leur
lente ascension, ces rafales de tristesse et de
découragement qui s'abattent parfois sur les
volontés les plus fermes et les font ployer un
instant. Brusquement, sous l'effet d'une circonstance fortuite, insignifiante parfois, la
conscience de leur épreuve, de leurs ténèbres,
qui paraissait assoupie, se réveillera. Ils senti-
ront comme la morsure d'un fer rouge sur une
plaie mal guérie. La vie, avec ses joies et ses
tristesses, les avait repris; ils avaient presque
oublié, quand, tout à coup, ils se rappellent ce
que leur destin a d'irrévocable, et, comme
Milton, ils songent douloureusement que la
lumière ne revient plus « visiter ces yeux qui
roulent en vain pour rencontrer son rayon
perçant et ne trouvent point d'aurore », ils
songent qu'ils ne reverront plus « les douces
approches du matin et du soir, ni la fleur du
printemps, ni la rose de l'été, ni les troupeaux,
ni la face divine de l'homme ».

APPENDICES

8

I

Quelques exemples de travailleurs aveugles[1].

A... N..., brossier. — Né en 1869 à Billy-sur-Aisne, canton de Soissons, orphelin de père et de mère, il perd la vue par accident à dix-huit ans. A vingt-quatre ans, s'étant demandé s'il ne pourrait pas apprendre un métier, il fait quelques démarches, avec l'appui de l'Association Valentin Haüy; il entre, le 14 juillet 1893, à l'école profes-

1)

---

1. On n'a retenu pour ces exemples que des hommes devenus aveugles, comme nos soldats, en pleine force d'âge, et, par suite, n'ayant pas plus qu'eux reçu, dans leur enfance, une instruction et une éducation spécialement adaptées à la cécité. C'est le même point de départ, avec les mêmes difficultés à vaincre. Il va sans dire que les résultats obtenus par les travailleurs aveugles ne sont pas tous aussi brillants que ceux qui sont exposés ici.

sionnelle des ateliers d'aveugles, fondée par le baron de Schickler, pour y apprendre la brosserie. Il revient s'installer chez lui au mois d'août 1894 et commence à travailler. En 1897, il avait assez de commandes pour s'occuper toute la journée. Dans un discours prononcé en 1901 à l'assemblée générale de l'Association Valentin Haüy, François Coppée disait : « Savez-vous que les affaires de ce brave homme dépassent maintenant 5 000 francs par an? Voilà une réponse directe à ceux qui prétendent que l'assistance aux aveugles par le travail est une chimère! » Depuis cette époque, grâce à sa persévérance, A... N... avait considérablement augmenté son chiffre d'affaires annuel, qui s'élevait à 15 000 francs, au moment de sa mort. Blessé, le 25 septembre 1914, par un obus qui lui brisa les deux jambes, il meurt le 5 octobre. « C'est avec douleur, écrivait Mᵐᵉ N .., au mois d'avril 1915, à l'Association Valentin Haüy, que je vous apprends la mort de mon cher mari... Quand je pense qu'il s'était donné tant de mal pour se faire une situation, s'installer un atelier! car il avait installé cet atelier dans un ordre parfait, il y était à l'aise et ne cherchait jamais rien ; je n'avais pas à m'en occuper, il ne le voulait pas, disant que j'avais assez à faire sans cela.

A qui cela va-t il profiter ? Je voudrais bien — et je suis certaine qu'il m'aurait approuvée — que cet atelier serve à d'autres aveugles, et si, par hasard, par votre bonne intervention, vous trouviez quelque travailleur sérieux qui en soit digne, nous pourrions causer de cela, après cette maudite guerre, s'il est encore intact, car ici on bombarde toujours [1]. Encore une fois, Monsieur, merci pour les bontés que vous avez eues pour mon mari ; je ne les oublierai jamais, et mon petit garçon, qui va avoir cinq ans, saura que c'est surtout à l'Association Valentin Haüy que son papa doit d'avoir pu gagner honnêtement de quoi l'élever. »

Z . B..., vannier. — Il exerçait déjà le métier de vannier lorsque, vers l'âge de trente-huit ans, il perdit complètement la vue. Son désespoir fut tel qu'il voulait se jeter dans la Seine. Il avait

1. Le jour de l'Ascension, un obus est tombé dans la cuisine de Mme ↓ . et l'a grièvement blessée ainsi que son petit garçon. Celui-ci a le talon gauche emporté, un éclat d'obus dans 1 genou et un autre dans la mâchoire. La mère a deux blessures au côté et est, en outre, très gravement malade à la poitrine. Tous deux sont actuellement soignés à Paris, à l'hôpital Tenon.

vendu ses outils, presque pour rien, à un camarade, et, tandis que sa femme faisait des
ménages, il restait chez lui, tristement inerte,
auprès d'une fille de douze ans malade et infirme.
On l'adressa à l'Association Valentin Haüy qui
lui rendit courage et lui procura l'outillage
nécessaire pour reprendre son ancien métier. Il
s'est remis au travail et il s'est refait toute une
clientèle dans la vannerie fine. L'Association
Valentin Haüy lui en commande annuelle-
ment pour 2000 francs environ, et ce chiffre
s'est même élevé, une année, jusqu'à près de
3000 francs.

J... B..., chaisier. — Marié et père de deux
enfants, il travaillait chez Mame, à Tours, à la
reliure de luxe, lorsqu'il perdit complètement la
vue à l'âge de trente-deux ans Il s'inquiétait
d'autant plus de l'avenir que le traitement qu'il
avait inutilement suivi pour recouvrer la vue
avait dissipé ses économies. L Association Valentin Haüy l'encouragea et l'aida dans son apprentissage du métier de chaisier Il commença par
réparer des chaises et arriva vite à en fabriquer
Ayant réussi à monter un petit magasin à Tours,
il s'est acquis la clientèle de l'Hôtel de l'Univers,

du Grand Bazar, de l'Administration des postes et télégiaphes et d'une centaine de particuliers. Il écrivait, au mois de mars 1914, à l'Association Valentin Haüy, en la remerciant de son appui matériel et moral : « Je dois vous dire que notre clientèle se trouve à peu près formée maintenant et il y a même des instants où nous ne savons pas où tourner la tête. »

G... D..., accordeur. — Il était cultivateur dans les environs de Paris. A vingt-cinq ans, il devient complètement aveugle. On le met en relations avec un ancien élève de l'Institution nationale des jeunes aveugles qui lui fait apprendre l'accordage. Il lui fallait d'autant plus de courage et de ténacité pour entreprendre cette étude que son ancienne profession l'y avait moins préparé et qu'il n'avait aucune notion de la musique. Après deux ans d'apprentissage et un stage assez court chez un facteur de pianos à Paris, il retourne s'installer dans sa famille. Il se forme une clientèle à Maisons-Laffite et aux environs. Un accordeur aveugle, établi à Argenteuil, offre de lui céder la sienne, il refuse de l'acquérir pour son propre compte, mais il l'accepte à titre tempo-raire pour en prévenir la dispersion et la con-

server jusqu'au jour où un autre aveugle est venu
prendre la succession. Sa propre clientèle s'est à
tel point développée que, l'âge venant, il a préféré en abandonner une partie pour ménager ses
forces.

P... G..., masseur. — Il était dessinateur en
broderies pour la maison Rouff qui l'occupait
l'hiver à Cannes et l'été à Plombières. Au mois
de juin 1909, il est pris subitement de violents
maux de tête, à la suite d'un bain de mer, trois
semaines plus tard, un matin, il se réveille
aveugle; il avait alors vingt-cinq ans. Son mariage, l'année précédente, avait absorbé ses économies. Intelligent et courageux, il veut apprendre une profession qui lui permette de vivre et
s'adresse, à cet effet, à l'Association Valentin
Haüy. Celle-ci l'admet à son cours de massage.
Il conquiert le diplôme à la suite d'un examen
particulièrement brillant. Il va ensuite exercer
sa nouvelle profession à Cannes, l'hiver, et à
Bourbon-l'Archambault, l'été. En 1913, il avait si
bien réussi dans cette dernière localité que ses
clients eux-mêmes, désireux de le conserver, l'en-
gagent à venir à Paris, où il reste tout l'hiver.
Si la guerre désorganise sa saison d'été à Bour-

bon-l'Archambault, il passe un hiver très actif à Cannes, où il prête son concours à l'hôpital de la Croix-Rouge et à l'hôpital temporaire du Casino. C'est lui qui dirige actuellement, avec un autre élève diplômé de l'Association Valentin Haüy, l'école organisée à Cannes par cette dernière pour enseigner le massage à des soldats aveugles [1]

1. Voir ci-dessus, p. 42. — Parmi les masseurs diplômés de l'Association Valentin Haüy, citons encore M. M..., récemment décédé. Dès ses débuts, à Rennes, il rendait le fonctionnement de ses jambes à un malade qui en était privé depuis six ans et il avait su inspirer une telle confiance aux clients qu'à la fin de ses huit premiers mois d'exercice il avait gagné 6 000 francs. Huit ou dix masseurs de l'Association Vallentin Haüy travaillent pendant l'été dans les stations thermales. C'est à Bourbonne-les-Bains qu'ils ont obtenu le plus de succès; on s'y dispute les soins d'une excellente masseuse, qui est promptement arrivée à gagner 4 000 francs dans sa saison.

II

Extraits du « Journal officiel [1] ».

LÉGION D'HONNEUR. — CHEVALIERS

Blondeau, capitaine au 36ᵉ régiment d'infanterie : belle conduite au feu, blessure grave

1. On a retenu, sur les trois catégories de listes publiées par le *Journal officiel* (Légion d'Honneur, Inscriptions au tableau spécial de la médaille militaire, Citations a l'ordre de l'armée), les noms des officiers, sous-officiers et soldats qui sont mentionnés comme ayant perdu complètement ou presque complètement la vue. On a retenu également les noms de ceux pour qui la cecité est envisagée comme possible ou probable, ce qui ne veut pas dire que les craintes ou les prévisions exprimées à leur sujet, avant un examen plus approfondi de leur cas, doivent toujours se réaliser — Les recherches ont été menées jusqu'au numéro du *Journal officiel* du 31 juillet 1915 inclusivement.

ayant entraîné la perte de la vue. — *22 novembre 1914* [1].

Boirin (François), caporal réserviste au 2º régiment de zouaves : belle attitude au feu. Grièvement blessé, a eu les deux yeux emportés par une balle. — *1er décembre 1914.*

Brault (A.-L.), lieutenant au 73º régiment territorial d'infanterie : blessé très grièvement le 31 octobre 1914 en défendant sa tranchée avec une opiniâtreté exemplaire qui a permis de repousser avec succès une contre-attaque allemande. Perte complète de l'œil gauche, vision de l'œil droit compromise. — *7 avril 1915.*

Cantara (Antoine), sous-lieutenant au 46º régiment d'infanterie : ancien sous-officier de cavalerie, venu du 6e régiment de hussards, ayant demandé à servir dans l'infanterie comme sous-lieutenant. Était, depuis son arrivée, plein d'entrain et d'énergie et avait fait preuve d'un grand calme en même temps que de beaucoup de bra-

---

1. La date qui suit chaque mention est celle du numéro du *Journal officiel* d'où elle est extraite.

voure. A été grièvement blessé dans les tranchées le 6 mai. A perdu la vue et a été amputé d'une main. — *16 juin 1915*

Charrier (Jean), lieutenant de réserve au 114e régiment d'infanterie : officier d'un dévouement absolu, d'une bravoure et d'une énergie exceptionnelles. Blessé une première fois le 24 août, est revenu sur le front à peine guéri. Blessé grièvement une deuxième fois, a perdu l'œil gauche complètement et perdra probablement aussi l'œil droit. — *18 février 1915.*

Dallet (François), sous-lieutenant à titre temporaire au 264e régiment d'infanterie : officier très brave. Au combat du 6 juin, a conduit avec entrain sa section à l'assaut des tranchées allemandes. Blessé très grièvement (perte totale probable de la vue) en arrivant dans la tranchée conquise. — *6 juillet 1915.*

Dubrac, médecin aide major au 80e régiment territorial d'infanterie : grièvement blessé le 12 novembre 1914 en donnant des soins aux blessés au poste de secours de son bataillon. A perdu l'usage de la vue. — *26 mai 1915.*

Graille (F.-E), lieutenant au 238° régiment d'infanterie : le 13 septembre, appelé à la défense d'un village violemment attaqué par l'ennemi, a entraîné immédiatement sa troupe dans une contre-attaque. Frappé d'une balle à la tête devant sa compagnie, fut brutalisé, piétiné par les Allemands. A perdu complètement un œil, l'autre n'offrant que peu d'espoir de guérison. — *29 décembre 1914.*

Laffargue, sous-lieutenant au 3° régiment d'infanterie coloniale : blessé de deux balles le 22 août, est resté à son poste jusqu'à ce qu'une troisième blessure lui crevât les deux yeux. Sa compagnie ayant alors reçu l'ordre de se retirer, refusa de se laisser emporter pour ne pas ralentir sa marche. — *16 juin 1915.*

Languedoo (Ernest), officier d'administration du génie de 2° classe, faisant fonctions de lieutenant, compagnie territoriale 4/MG.T. : officier d'administration faisant sur sa demande fonctions de lieutenant, a toujours commandé sa section avec entrain et énergie. Dans la nuit du 8 au 9 janvier 1915, a reçu une grave blessure lui faisant perdre l'œil gauche et intéressant très grièvement l'œil droit, a exigé que sa section se rendît, sans s'occuper de lui, au lieu de travail et a donné tous les ordres nécessaires pour que le travail fût exécuté dans les meilleures conditions possibles. — *7 février 1915.*

Leloup (Auguste), capitaine au 56e régiment d'infanterie : s'est brillamment comporté aux combats des 20 et 25 août. Grièvement blessé le 30 août par un éclat d'obus qui lui a fait perdre la vue. — *27 novembre 1914.*

Martin (J.-V.-M), sous-lieutenant au 151e régiment d'infanterie : le 7 septembre, sortit le premier de son abri pour entraîner sa section vers la ligne ennemie distante de 200 mètres, mais tomba aussitôt la tête traversée d'une tempe à l'autre, lui causant une blessure qui le laissera aveugle. — *21 novembre 1914.*

Muller (G.-H.), sous-lieutenant de réserve au 56e régiment d'infanterie : s'est en toutes circonstances, au cours de la campagne, distingué par un brillant courage et un entier dévouement. Cité à l'ordre du corps d'armée pour une première blessure reçue durant une attaque de nuit à la tête de sa section. A été atteint le 9 octobre d'une balle qui lui a fait perdre la vue. — *27 novembre 1914.*

Renaux (Louis), lieutenant de réserve à titre temporaire au 87ᵉ régiment d'infanterie : a été très grièvement blessé à la tête le 25 février, en entraînant avec la plus grande bravoure sa compagnie à l'attaque de tranchées allemandes : a déjà reçu trois blessures graves le 8 septembre. Restera aveugle, ses deux yeux étant perdus. — *20 avril 1915.*

Thillière (E.-J.-J), sous-lieutenant au 18ᵉ régiment d'infanterie : a été blessé le 2 septembre au cours d'une attaque ennemie. A perdu un œil et est menacé de perdre complètement la vue. — *5 janvier 1915.*

Vialle (A.-L.-M.), lieutenant au 2ᵉ *bis* régiment de zouaves de marche : belle bravoure. Très grièvement blessé à la bataille de la Marne. A perdu un œil et est menacé de perdre l'autre. — *24 juillet 1915.*

MÉDAILLE MILITAIRE

Alquier (Gustave), soldat de 2e classe au 125e régiment d'infanterie, matricule 013573 : a toujours fait bravement son devoir. A reçu le 27 octobre une blessure à la suite de laquelle il est devenu aveugle. — *15 juin 1915.*

Amar (Joseph), soldat de 2e classe au 1er régiment étranger, numéro matricule 23717 : le 18 janvier 1915, pendant qu'il travaillait courageusement dans une tranchée sous le feu de l'ennemi, a été si malheureusement atteint par un éclat d'obus qu'il eut les deux yeux vidés. Aveugle incurable. — *19 février 1915.*

Aumont (V.-C), sergent au 304e régiment d'infanterie : grièvement blessé le 7 septembre. A perdu les deux yeux. — *26 mai 1915.*

Bardoux [1] (R.-E.-F.), sergent au 10e régiment du génie, compagnie 26 2, matricule 015250 : a

1. Egalement cité, dans les mêmes termes, à l'ordre de l'armée (*Journ. off. du 23 mai 1915*).

montré depuis le début de la campagne un entrain et une activité remarquables. Le 5 avril, dans le commandement d'une section du génie allant à l'assaut, a été grièvement blessé aux yeux. Malgré la douleur et le sang qui l'aveuglait, a conservé tout s n sang-froid et a crié à ses hommes . « Ce n'est rien, partez faire votre travail. » Perdra probablement la vue. — *28 mai 1915.*

Baretges (Laurent), matricule 6664, soldat de 2ᵉ classe au 8ᵉ régiment de marche de zouaves : blessé grièvement à son poste de combat (plaie de la face avec perte des deux yeux). — *6 mars 1915.*

Bauchard (Albert), soldat de 2ᵉ classe au 284ᵉ régiment d'infanterie, numéro matricule 02433 : s'est toujours très bien conduit depuis le début de la campagne, a donné des preuves d'endurance et d'énergie en soulageant bien des fois ses camarades. A été atteint d'une blessure à la suite de laquelle il est devenu aveugle. — *2 février 1915.*

Bauda (Georges), soldat de 2ᵉ classe à la 20ᵉ compagnie du 348ᵉ régiment d'infanterie, matricule 019142 : excellent soldat, du meilleur

9

exemple pour ses camarades, toujours volontaire
pour les missions périlleuses. A été grièvement
blessé à la tête dans la nuit du 22 au 23 mai par
l'éclatement d'une grenade allemande, au cours
d'un travail dans les réseaux de fils de fer de nos
tranchées de première ligne. A perdu la vue. —
29 juin 1915.

Beaudufe (Simon), soldat à la 1re compagnie
du 417e régiment d'infanterie, matricule 9742 :
n'a cessé depuis son arrivée sur le front de faire
preuve d'un excellent esprit. Faisant partie d'une
équipe de tirailleurs chargés d'exécuter un travail dangereux, a été atteint d'une grave blessure qui a amené la perte de la vue. — *24 juillet 1915.*

Bégouin (Ulysse), soldat de 2e classe au 63e régiment d'infanterie : excellent soldat, d'une belle
attitude au feu. A été grièvement blessé le 26 septembre 1914. A perdu la vue. — *17 mai 1915.*

Besset (Jules), chasseur de 2e classe à la 4e compagnie du 22e bataillon de chasseurs, matricule 3432 : le 3 septembre 1914, la compagnie
étant déployée en tirailleurs à courte distance

des Allemands, a été blessé d'une balle qui li a occasionné la perte des deux yeux. — *21 illet 1915.*

Bezard (H.-A.), chasseur de 2ᵉ classe au 3ᵉ bataillon de chasseurs à pied : bon chasseur, énergique et brave. Blessé au début de septembre. A perdu la vue. — *15 juin 1915.*

Bibois (Jean), soldat de 1ʳᵉ classe au 35ᵉ régiment d'infanterie : très méritant et très courageux, a été blessé grièvement en se portant au secours du capitaine commandant sa compagnie, tombé mortellement atteint. A perdu les deux yeux. — *20 avril 1915.*

Boeri (J.-B.), soldat de 2ᵉ classe au 173ᵉ régiment d'infanterie : a été grièvement blessé le 22 août 1914. A perdu les deux yeux. — *26 mai 1915.*

Bony (Firmin), soldat de 2ᵉ classe au 9ᵉ régiment de marche de zouaves, matricule 8704 : le 17 septembre, faisant partie d'une patrouille d'éclaireurs, a fait preuve d'un grand courage en pénétrant résolument dans un bois d'où partaient des coups de fusil nombreux. Blessé griè-

vement au moment où il venait rendre compte
que le bois était fortement occupé. A perdu les
deux yeux. — *17 mai 1915.*

Bosquet (Pierre), caporal réserviste au 136e régiment d'infanterie : procédant de nuit, le 23 décembre, à une relève de sentinelles, a été blessé
par un éclat d'obus de gros calibre, qui a tué un
homme et en a blessé cinq autres. S'est montré,
en toutes circonstances, très crâne et très brave
au feu, trois jours après son arrivée, pendant
l'attaque du 31 octobre, a assuré toute la nuit,
sous un feu très violent de mousqueterie, la
liaison entre deux bataillons au moyen d'une
patrouille qu'il commandait. A perdu l'œil droit
et presque complètement l'œil gauche — *15 juin
1915.*

Boudot (J.-J.), sergent réserviste au 5e régiment d'infanterie coloniale, matricule 015258 :
s'est précipité à la tête de sa demi-section à
l'assaut d'une tranchée ennemie et, pendant un
combat corps à corps dans une tranchée conquise, a eu les deux yeux arrachés par l'explosion
d'une grenade. — *17 mai 1915.*

Bréda (Alcide), chasseur de 2e classe au

29ᵉ bataillon de chasseurs à pied : a été blessé grièvement le 17 novembre en se portant en avant de la ligne au secours d'un de ses camarades blessé. A perdu les deux yeux. — *20 mai 1915.*

Brun (Camille), caporal au 23ᵉ bataillon de chasseurs, matricule 2604 : excellent chasseur dont la conduite au feu lui avait valu les galons de caporal. S'est distingué en toutes circonstances et en particulier les 1ᵉʳ et 2 décembre 1914 où il a été atteint d'une grave blessure à la suite de laquelle il est devenu aveugle. — *22 avril 1915.*

Buisson (Henri), deuxième canonnier conducteur au 54ᵒ régiment d'artillerie : n'a cessé de donner le plus bel exemple d'énergie et de sang-froid Grièvement blessé le 28 août 1914 par un obus qui tua les deux chevaux de son attelage. A perdu l'usage des deux yeux. — *20 avril 1915.*

Cantié (J.-Urbain), sergent au 142ᵒ régiment d'infanterie, matricule 3208 : a été blessé dans une tranchée de première ligne le 2 décembre 1914 pendant qu'il observait les ennemis creusant une tranchée. A perdu les deux yeux. Belle attitude au combat. — *7 juin 1915*

Cazajous (Théophile), soldat au 7° régiment mixte colonial, 8° compagnie : brillante conduite au feu, blessure avec plaies pénétrantes des deux yeux par éclats de grenade. Vision pratiquement perdue. L'énucléation double sera sans doute nécessaire. — *10 juillet 1915.*

Cénac (J.-M.-J.), maréchal des logis au 24° régiment d'artillerie, 8° batterie, matricule 1540 : chef de pièce au combat du 28 août, avait rempli ses fonctions avec beaucoup de fermeté et de sang-froid pendant toute l'action, malgré le feu très violent d'artillerie lourde dirigé sur sa batterie, et faisait accrocher les arrière-trains, lorsque plusieurs obus tombèrent sur sa pièce, mettant hors de combat une grande partie du personnel. Atteint à la cuisse et brûlé au visage, fut évacué et a presque complètement perdu la vue. — *20 avril 1915.*

Chabanne (Maurice), caporal au 4° régiment d'infanterie, matricule 06174 : bon gradé, actif et énergique. Blessé les 10 septembre et 2 novembre 1914. A perdu les deux yeux. — *15 juin 1915.*

Champey (Louis), soldat de 2° classe au 27° régiment d'infanterie, matricule 5778 : défendant

avec sa section un boyau de communication violemment attaqué par l'ennemi, a été très grième-
ment blessé. A dû subir l'amputation de la cuisse
gauche et a perdu les deux yeux. Excellent soldat.
S'est toujours fait remarquer par sa bravoure et
sa belle conduite au feu. — *26 mai 1915.*

Charrue (Albert), adjudant-chef au 34e régiment
d'infanterie : très belle conduite au combat du
14 septembre, où, blessé à la mâchoire, il a continué à commander sa section, donnant ainsi un
bel exemple d'énergie. A perdu dès maintenant
l'usage d'un œil et est menacé de devenir complètement aveugle. — *21 février 1915.*

Chupin (J.-M.), soldat de 2e classe au 114e régiment d'infanterie : a été blessé le 25 septembre
par un éclat d'obus qui a déterminé plus tard
une cécité absolue. Bon soldat, a assisté à toutes
les affaires depuis le premier jour de la campagne jusqu'au 25 septembre. Vigoureux et
dévoué, possédait la confiance de ses chefs. —
15 juin 1915.

Olterne (David), soldat de 2e classe au 298e régiment d'infanterie : très bon soldat. Blessé le

8 septembre 1914, a perdu l usage de la vue. —
21 juillet 1915.

Claudion (P.-A.-E.), caporal au 66° régiment
d infanterie, matricule 013140 : bon gradé, énergique et d'une belle attitude au feu. A été grièvement blessé et est devenu aveugle. — *15 juin 1915.*

Clot (Paul), sergent-major, réserviste au 36° régiment d'infanterie coloniale, matricule 1593 :
atteint le 18 février, en faisant bravement son
devoir, d une grave blessure à la face, entraînant
la perte de la vue. — *20 mars 1915.*

Collette (Honorat), médecin auxiliaire au
36° régiment d'infanterie, matricule 06002 : blessé
le 7 septembre par un obus qui lui a éclaté
devant la figure. A perdu les deux yeux. —
1er mai 1915.

Corn (Gratien), soldat de 2° classe au 318° régiment d'infanterie, matricule 9036 : étant de service dans les tranchées, a été blessé par un éclat
d'obus lui occasionnant la perte de l'œil droit et
vision de l'œil gauche compromise. Bon et très
brave soldat. — *11 mars 1915.*

Cyrille (J.-P.), soldat au 49º régiment d'infanterie, matricule 3856. très bon soldat, a été grièvement blessé le 18 novembre 1914. A perdu les deux yeux. — *1er mai 1915.*

Darras (Louis), soldat au 115º régiment d'infanterie : brave et courageux soldat. A été grièvement blessé le 29 août 1914. A perdu les deux yeux. — *17 mai 1915*

David (E.-U.-A.), soldat de 2º classe, réserviste au 236º régiment d'infanterie : a été grièvement blessé en se portant à l'attaque et a perdu complètement la vue — *20 avril 1915.*

Degeuse (Marcel), soldat de 2º classe au 72º régiment d'infanterie : le 23 septembre, a été grièvement blessé à la tête par un éclat d'obus au moment où, au risque de sa vie, il s'était porté en avant pour observer la position ennemie. A perdu les deux yeux. — *17 mai 1915*

Delmas (Louis), soldat de 2º classe, réserviste à la 11º compagnie du 96º régiment d'infanterie, matricule 013039. brave et courageux soldat. A été grièvement blessé le 20 septembre 1914 en

faisant son devoir. A perdu les deux yeux. —
7 juin 1915.

Descormes (J.-A.), soldat au 75° régiment d'infanterie, matricule 010928 : très bon soldat, très
discipliné, volontaire pour l'exécution d'un travail périlleux, a été atteint d'une balle à la tête
qui lui a occasionné la perte de la vue. —
16 juin 1915.

Donné (Charles), sergent-major au 91° régiment d'infanterie , blessé grièvement, au cours
de la lutte contre un ennemi très rapproché, par
l'explosion prématurée d'un pétard qu'il se dis-
posait à lancer dans la tranchée allemande. A
perdu la vue. — *17 mai 1915*

Dubost (P.-F.), soldat de 2° classe au 42° régiment d'infanterie, matricule 8399 : brave soldat
ayant reçu une blessure qui a entraîné la perte
totale de la vue. — *26 mai 1915.*

Duché (J.-G.), soldat de 1re classe à la 6e compagnie du 154° régiment d'infanterie, matricule 015507 : a été blessé au combat du 6 septembre 1914, après s'être toujours conduit très
bravement au feu. A perdu la vue. — *15 juin 1915*

Dumontet (Jean), soldat de 2º classe au 2º régiment de marche de zouaves : le 21 décembre 1914, en se portant bravement à l'attaque des tranchées allemandes, a été atteint par de nombreux éclats d'obus, qui lui firent plusieurs blessures et occasionnèrent en particulier la perte totale de la vue. — *26 mai 1915.*

Duthel (Marius), matricule 05493, soldat de 2º classe au 53º bataillon de chasseurs : s'était toujours montré brave et dévoué. A reçu à son poste une blessure ayant entraîné la perte des deux yeux. — *21 juillet 1915.*

Eychenne (Etienne), soldat de 2º classe au 96º régiment d'infanterie. Étant dans les tranchées de première ligne, s'est offert pour ouvrir le feu sur un tireur d'élite allemand qui menaçait constamment sa section. A, au cours de la mission, été atteint d'une balle qui l'a rendu aveugle. — *7 février 1915.*

Fabre (Antoine), soldat de 2º classe au 22º régiment d'infanterie coloniale, matricule 07855 : très bon soldat, discipliné et du meilleur esprit militaire. Au combat du 27 août 1914, a fait

preuve de beaucoup de courage, a vaillamment
combattu dans une charge à la baïonnette, se
maintenant toujours au premier rang et n'a
quitté sa place que blessé à la figure Blessure
ayant occasionné, depuis, la perte totale de la
vue — *17 mai 1915.*

Favre (Camille), soldat de 2ᵉ classe au 171ᵉ régiment d'infanterie, matricule 3531 : s'est très
bien comporté dans tous les combats auxquels il
a pris part A été blessé le 30 septembre en cons-
truisant des tranchées à proximité de l'ennemi.
Perte de l'œil droit et menacé de cécité totale. —
20 avril 1915

Favret (R -F.), caporal au 220ᵉ régiment d'infanterie, matricule 010137 : au cours d'une contre-
attaque exécutée le 3 octobre 1914 pour reprendre
un village, a montré de l'entrain et de l'énergie
à la tête de son escouade. A été blessé d'une
balle à la tête, blessure qui a entraîné la perte
totale de la vue. — *15 juin 1915.*

Felgeirolles (H -J.-J.), soldat à la 9ᵉ compagnie
du 122ᵉ régiment d'infanterie, matricule 013602 :
a été blessé le 20 août 1914 dans un combat mené

par deux bataillons du régiment pour couvrir la marche du corps d'armée A perdu les deux yeux. Bon soldat. — *7 juin 1915.*

Floris (M.-A), soldat au 111ᵉ régiment d infanterie, 2ᵒ compagnie, matricule 03385 : bon soldat A été grièvement blessé et a perdu presque complètement la vue. — *29 juillet 1915*

Foucher (J.-J.-B.), soldat de 2ᵉ classe à la 17ᵉ compagnie du 350ᵒ régiment d'infanterie, matricule 02016 . très bon soldat, ayant fait pleinement son devoir depuis le début de la campagne. Étant de service aux tranchées, a reçu, le 28 mars dernier, une balle qui, entrée par la tempe gauche, est ressortie par la tempe droite, entraînant la perte de la vue. — *15 Juin 1915.*

Garcin (Marie), soldat au 30ᵉ régiment d'infanterie, matricule 014227 : soldat très courageux et très dévoué. S est signalé par son mépris du danger en toutes circonstances. A reçu le 25 septembre 1914, à l'attaque d'une localité, une grave blessure qui lui a fait perdre la vue. — *19 juin 1915.*

Gelin (J.), soldat de 2ᵒ classe au 117ᵒ régiment d'infanterie, matricule 738 : belle attitude au feu ;

a été grièvement blessé le 2 octobre 1914. A perdu complètement la vue. — *29 juillet 1915.*

George (L.-J), soldat au 151° régiment d'infanterie, matricule 5458 : très bon soldat, s'étant toujours bien conduit. A été grièvement blessé le 15 décembre 1914 et a perdu les deux yeux. — *15 juin 1915.*

Georgetti (J.-P.), soldat réserviste de 2° classe au 373° régiment d'infanterie, matricule 014440 : blessé très grièvement par éclatement d obus à son poste dans une tranchée de première ligne, a perdu la vue et a en outre été amputé d'un doigt. — *29 juillet 1915.*

Gouilley (J.-J.-L), soldat de 2° classe au 149° régiment d'infanterie, matricule 7826 : le 15 novembre 1914, s'est signalé par sa belle attitude au feu et a été atteint, dans les tranchées de première ligne, par une balle qui lui a perforé les deux yeux. Sera complètement aveugle. — *15 juin 1915.*

Gourd (Abel), soldat de 2° classe au 57° régiment d'infanterie, matricule 4920 : sur le front depuis le 11 novembre 1914, soldat modèle, disciplmé, zélé et dévoué. S'est fait particulièrement remarquer comme une sentinelle vigilante, un guetteur des plus précieux. Blessé à son poste dans la tranchée, le 17 janvier, par une balle. Blessure très grave : un œil perdu, le second compromis. — *20 mars 1915.*

Grillet (L. A.-E), soldat de 2º classe au 113º régiment d'infanterie, matricule 0803 : soldat ayant toujours eu une bonne conduite et ayant fait tout son devoir. A été grièvement blessé le 20 septembre 1914 et a perdu la vue. — *15 juin 1915.*

Guyon, maréchal des logis d'artillerie au groupe à cheval de la 9º division de cavalerie : blessé à la figure et aux yeux par un éclat d'obus au combat, a continué à assurer, sous le feu, son service de chef de pièce avec le plus grand sang-froid. — *12 novembre 1914.*

Harlé (Louis), caporal au 155º régiment d'infanterie, 4º compagnie, matricule 0206 : s'est toujours fait remarquer par son entrain et son courage ; a énergiquement contribué à la défense d'un poste partiellement détruit par l'explosion d'une mine. Grièvement blessé à la face, a dit à son sergent qui voulait le secourir . « Laissez-moi, restez à votre poste, je m'en irai seul ». Perte certaine d'un œil et presque certaine du second — *29 juillet 1915.*

Hébert (G. I), caporal au 4ᵉ régiment du génie, compagnie 14/5 A · s'est précipité un des premiers dans un entonnoir, le 17 février. A commencé immédiatement son organisation et a contribué à repousser les contre-attaques de l'ennemi en lançant des bombes sur l'ennemi avec le plus grand mépris du danger sous un feu violent. S'est toujours montré travailleur infatigable dans les travaux les plus pénibles du génie A été atteint gravement à la tête par une bombe ennemie, blessure qui fait craindre la perte de la vue — *20 mars 1915.*

Humbert (Isidore), caporal territorial au 30ᵉ régiment d'infanterie . a constamment donné à son escouade l'exemple du dévouement et du devoir. Le 19 janvier, blessé dans la tranchée par l'éclatement d'une bombe et devenu subitement aveugle, a exigé, malgré ses souffrances atroces, que ses hommes soient soignés avant lui. Est devenu aveugle par suite de sa blessure. — *21 février 1915.*

Jacopin (Léon), maître ouvrier à la compagnie 21/1 du 11ᵉ régiment du génie, matricule 5750 : a été grièvement atteint de nombreuses blessures le 5 juin 1915, par éclats d'obus. A perdu l'œil gauche, perdra peut-être également l'œil droit. — *21 juillet 1915.*

Jean (Pierre), soldat de 2ᵉ classe au 134ᵉ régiment d'infanterie : belle attitude au feu. Grièvement blessé A perdu les deux yeux. — *26 mai 1915.*

Jeansoule (J.-P.), 2ᵉ canonnier servant au 23ᵉ régiment d'artillerie : grièvement blessé le 7 septembre en ravitaillant en munitions sa batterie sous un feu violent d'obusiers allemands. A perdu la vue à la suite de cette blessure. — *27 janvier 1915.*

Jouilleton (Mathieu), matricule 019590, soldat de 2ᵉ classe au 263ᵉ régiment d'infanterie : blessé le 2 novembre 1914, alors qu'il était employé au creusement d'un boyau de communication entre le centre de résistance et les tranchées de première ligne. Atteint au côté droit de la face par éclat d'obus. Bon soldat. A perdu la vue. — *30 juin 1915*

Labbé (Camille), soldat au 7ᵉ régiment colonial (4ᵉ compagnie) : brillante conduite au feu, blessure de la face par balle de fusil, avec éclatement des deux yeux. Enucléation double. — *10 juillet 1915*

Labourdette (Jean), soldat au 7ᵉ régiment mixte colonial (6ᵉ compagnie) : le 28 juin 1915 a été atteint de blessures multiples ayant entraîné l'amputation des deux avant-bras et l'énucléation de l'œil droit et la perte de la vision de l'œil gauche. A fait preuve du plus grand courage au combat et après ses horribles blessures. — *10 juillet 1915.*

Lagoutte (Marius), soldat au 149ᵉ régiment d'infanterie : a été blessé dans les tranchées, le 25 septembre 1914, de trois balles et de plusieurs éclats d'obus qui ont occasionné la perte de l'œil gauche et compromis gravement l'œil droit. — *22 avril 1915.*

Launay (E.-F.-L.), soldat de 2ᵉ classe, réserviste au 113ᵉ régiment d'infanterie, matricule 011375 : bon soldat. D'une belle tenue au feu, a été grièvement blessé le 3 octobre 1914 et a perdu la vue. — *15 juin 1915.*

Laurens (Paul), maréchal des logis réserviste à la 28ᵉ batterie du 40ᵉ régiment d'artillerie (3ᵉ gr. A. D. 56), matricule 04684 : sous-officier réserviste de premier ordre, a rempli depuis le début de la campagne les fonctions de chef des éclaireurs avec intelligence et initiative. Blessé grièvement à la tête et aux yeux. A dit au lieutenant de tir avant d'être évacué : « Surtout n'oubliez pas de transmettre au capitaine mes regrets de ne pouvoir prendre part au reste du combat. » — *21 juillet 1915.*

Laurent (Alexandre), sergent réserviste au 2ᵉ régiment d'infanterie coloniale, matricule 01288 : nommé successivement caporal, puis sergent, pour sa brillante tenue au feu, a été grièvement blessé le 8 novembre 1914, au moment où il lançait des pétards sur la tranchée ennemie. A perdu les deux yeux et la main droite. — *15 juin 1915.*

Le Barzic (Ernest), soldat au 104ᵉ régiment d'infanterie : s'est brillamment conduit au combat du 4 octobre 1914. Entraînait ses camarades en avant quand il a été aveuglé par un obus de 77. A perdu la vue. — *17 mai 1915.*

Le Cam (Jean), matricule 8709, soldat de 1re classe, mitrailleur au 154e régiment d'infanterie : a fait preuve du plus grand sang-froid le 10 mai, en se maintenant à sa pièce pendant un bombardement de minenwerfer qui a détruit l'abri auprès duquel il se trouvait. Le 19 mai, de service à sa mitrailleuse, a été frappé par une balle qui l'a privé totalement de la vue. — *30 juin 1915.*

Le Nahuec (Jean), soldat au 102e régiment d'infanterie : s'est offert, le 22 septembre 1914, pour aller chercher son commandant de compagnie resté blessé sous les balles ennemies. A été grièvement blessé en accomplissant cette mission. A perdu la vue. — *17 mai 1915.*

Le Naour (François), matricule 015036, soldat de 2e classe au 1er régiment d'infanterie coloniale : faisant partie d'un détachement de travailleurs qui réparaient les tranchées, en première ligne, dans la nuit du 15 au 16 mai, a été blessé très grièvement par l'explosion d'un pétard allemand (blessure aux yeux pouvant amener la cécité). — *19 juin 1915*

Leproust (Émile), soldat de 2e classe au 115e régiment d'infanterie, matricule 06854. Excellent soldat. A été blessé le 20 mai 1915 en observant la tranchée ennemie et a perdu les deux yeux. Avait déjà été blessé le 22 septembre 1914 et le 29 avril 1915. — *24 juillet 1915.*

Levesque (Jacques), soldat de 2ᵉ classe au 123ᵉ régiment d'infanterie, matricule 01700 : ayant reçu l'ordre de se porter au secours d'une tranchée violemment attaquée par l'ennemi, en a refoulé les premiers éléments, a établi une barricade et s'y est maintenu jusqu'à l'arrivée des renforts. Le lendemain a été grièvement blessé lorsque, pendant le bombardement, il observait avec ses veilleurs. A perdu les deux yeux. — *16 juin 1915.*

Lieutaud (L.-J.), chasseur de 2ᵉ classe au 14ᵉ bataillon de chasseurs : bon chasseur qui s'est bravement conduit le 8 octobre 1914. A été atteint d'une grave blessure à la suite de laquelle il a perdu la vue. — *24 avril 1915.*

Magnin (François), caporal au 8ᵉ régiment de marche de zouaves (3ᵉ zouaves) : le 16 janvier, commandant une escouade chargée de remplir

les abris pour l'exécution d'un bond en avant, a
été grièvement blessé par une balle qui lui a fait
sauter les deux yeux et lui a traversé le nez. A
conservé tout son sang-froid, attendant sans se
plaindre son évacuation, qui ne pouvait se faire
que de nuit, donnant à tous un magnifique
exemple de calme et de résignation. — *6 mars 1915.*

Marcangeli (Joseph-Antoine), adjudant au 7ᵉ
bataillon colonial du Maroc, matricule 24 IC 650 :
excellent sous-officier qui a eu une très belle
attitude au feu dans tous les combats auxquels
il a pris part. A été grièvement blessé le 6 novembre 1914. A perdu complètement la vue. —
5 juillet 1915.

Marmonteil (F .A .P.), sergent au 121ᵉ régiment
d'infanterie, 2ᵉ compagnie, matricule 06002 :
ayant demandé à faire partie d'une patrouille
conduite par un officier et dont le but était de
reconnaître une zone dans laquelle l'ennemi
avait, l'avant-veille, tenté une petite opération.
A voulu sauter dans le boyau de communication
reliant un poste d'écoute allemand à une tranchée en arrière pour enlever les sentinelles du
poste d'écoute. Alors qu'il allait atteindre son

but, a été projeté par une fougasse, grièvement blessé au visage, de manière telle qu'il perdra, probablement, complètement la vue. — *22 avril 1915.*

Martin (P.-M.), sergent au 124e régiment d'infanterie : excellent sous-officier, énergique et courageux. Grièvement blessé. A perdu l'œil gauche et a l'œil droit très compromis — *15 juin 1915*

Massot Pellet (Joseph), soldat réserviste au 140e régiment d'infanterie : atteint, par suite de l'éclatement d'un obus, de vingt-cinq blessures de la face qui ont entraîné la perte totale de la vue et celle d'une oreille, a donné le plus bel exemple de courage et de force morale; ne cesse de demander de reprendre sa place au front — *20 avril 1915*

Maubert (A.-E.), soldat de 2 classe au 66e régiment d'infanterie matricule 015480 : soldat des plus méritants par sa belle tenue en toutes circonstances A été grièvement blessé et a perdu complètement la vue. — *15 juin 1915*

Mengin (C.-G.), soldat au 8e bataillon de chassours à pied, matricule 823 : a subi l'énucléation des deux yeux à la suite de blessure par éclat d'obus le 23 mars 1915 Chasseur énergique et courageux. — *29 juillet 1915.*

Menuet (Pierre), soldat de 2 classe, réserviste au 217ᵉ régiment d'infanterie, matricule du recrutement 1738 : blessé grièvement au moment d'une attaque contre les tranchées ennemies A reçu une blessure au bras et une autre à la face par une balle. A perdu la vue. — *17 mai 1915.*

Meunier (Roger), soldat de 2ᵉ classe au 125ᵉ régiment d'infanterie, soldat téléphoniste. S'est toujours bravement conduit, a été blessé le 17 novembre 1914 d'un éclat d'obus, qui a entraîné la cécité presque complète. — *15 juin 1915.*

Michon (L.-N.), caporal au 134ᵉ régiment d'infanterie : bon gradé. A été grièvement blessé et a perdu la vision des deux yeux — *26 mai 1915.*

Millepied (Augustin), soldat de 2ᵉ classe au 57ᵉ régiment d'infanterie, matricule 012329 : excellent soldat sous tous les rapports. A été grièvement blessé le 12 octobre 1914 A perdu la vue. — *1ᵉʳ mai 1915*

Mohamed-ben-Brahim, tirailleur de 2° classe au régiment mixte de zouaves et de tirailleurs : engagé au Maroc pour la durée de la guerre, a perdu la vue à la suite d'une blessure reçue par un coup de feu. — *22 janvier 1915.*

Monttaucon (François), soldat de 2° classe au 134° régiment d'infanterie belle conduite au feu. Très méritant Grièvement blessé. A perdu les deux yeux. — *26 mai 1915.*

Morel (A.-T.), chasseur de 2° classe au groupe cycliste d'une division de cavalerie (4° bataillon de chasseurs à pied) : a toujours eu une très belle attitude au feu. S'est offert spontanément, le 24 septembre, pour aller chercher sous le feu de l'ennemi un camarade blessé A été blessé très grièvement le 27 septembre A perdu presque complètement la vue — *15 juin 1915.*

Morel (Louis), soldat de 2° classe à la 4° compagnie du 75° régiment d'infanterie : placé dans un poste dangereux au milieu de camarades tués ou blessés, s'y est maintenu jusqu'au moment où il a reçu une blessure qui lui a fait perdre la vue. — *10 juillet 1915.*

Nonorgues (Albert), soldat de 2° classe au 83° régiment d'infanterie : très bon soldat qui s'est fait remarquer par son courage et son sang-froid durant toute la campagne et particulièrement dans l'attaque et la défense de la tranchée conquise le 22 décembre 1914. A perdu un œil et perdra peut-être l'autre. — *17 mai 1915.*

Ouillet (J), soldat au 53° régiment d'infanterie : bon soldat, qui a été grièvement blessé au combat du 27 septembre en faisant son devoir. A perdu les deux yeux. — *7 juin 1915.*

Oulier, adjudant au 283° régiment d'infanterie : a enlevé, le 15 janvier, avec une poignée d'hommes, un petit poste ennemi très fortement retranché. S'y est maintenu pendant deux heures, sous un feu très violent, et ne l'a quitté avec les trois survivants que lorsqu'il a été complètement démoli par les bombes ennemies. Sorti le dernier, ne pouvant rentrer dans nos lignes qu'à la nuit, est resté étendu toute la journée sous une grêle de balles et d'éclats de projectiles, a fait preuve d'une énergie rare et d'un remarquable mépris de la mort Blessé légèrement au cours de cette opération par de nombreux éclats de

bombes, a reçu, le 18 janvier, une nouvelle blessure, mais cette fois très grave et qui peut
entraîner la perte des deux yeux. — *19 février 1915.*

Pagant, soldat au 121ᵉ régiment d'infanterie,
11ᵉ compagnie : a été grièvement blessé le 23 septembre 1914 (perte totale de la vue). — *1ᵉʳ mai 1915.*

Pagenel, brigadier au 3ᵉ régiment de chasseurs :
étant en reconnaissance, a eu les deux yeux
crevés par une balle. Retrouvé plusieurs heures
après par l'officier commandant la reconnaissance, lui a donné des renseignements sur ce
qu'il avait vu dans la tranchée avant d'être
blessé. — *29 septembre 1914.*

Panterne (René), sergent au 232ᵉ régiment d'infanterie : étant dans une tranchée prise d'enfilade
à petite distance par le feu de l'ennemi, n'a cessé
de donner l'exemple à ses hommes et de tirer
jusqu'à ce qu'une balle vienne lui crever les deux
yeux et le rendre aveugle. — *20 mars 1915*

Parel (Paul), matricule 26, adjudant au 7ᵉ
groupe du 4ᵉ régiment d'artillerie lourde : excellent sous-officier qui s'est distingué par sa belle

conduite au feu. Blessé grièvement, menacé de perdre la vue. — *16 juin 1915.*

Peyret, soldat de 2ᵉ classe au 91ᵉ régiment d'infanterie : grièvement blessé le 29 septembre 1914, blessure qui lui a occasionné la perte de la vision. — *17 mai 1915.*

Pinot (Gaston), chasseur de 2ᵒ classe, au 60ᵉ bataillon de chasseurs : s'est fait remarquer par son dévouement, son entrain, et a perdu la vue, ayant eu les deux yeux brûlés par l'explosion d'un obus de gros calibre dans la tranchée de première ligne qu'il occupait. — *15 juin 1915*

Pithon (Charles), caporal au 26ᵉ bataillon de chasseurs : grièvement blessé. A perdu les deux yeux. — *26 mai 1915.*

Poirier (V. C.-E.), soldat au 19ᵒ bataillon de chasseurs à pied, matricule 3672 : s'est très bien comporté dans tous les combats auxquels il a pris part. Grièvement blessé le 7 septembre 1914 ; a perdu les deux yeux. — *29 juillet 1915*

Radel (P.-M.), matricule 04989, soldat de 2ᵉ classe, réserviste au 23ᵉ régiment d'infanterie ;

n'a cessé de faire preuve de courage et d'un excellent moral. Blessé grièvement aux deux yeux, a demandé à rester quand même dans la tranch e pour y faire le coup de feu et prendre sa revanche. A complètement perdu la vue. — *16 juin 1915.*

Ray (C.-A.), matricule 013167, chasseur de 1re classe au 45° bataillon de chasseurs à pied : très bon chasseur. A été grièvement blessé le 13 janvier 1915. A perdu complètement la vue. — *16 juin 1915.*

Renaudot (Clément), n° matricule 47, adjudant au 42° régiment d'infanterie : a fait preuve de bravoure et de sang-froid dès le début de la guerre. Blessé une première fois, est revenu au régiment reprendre sa place à peine guéri et, le 12 novembre 1914, en se lançant à l'assaut d'une tranchée allemande, a reçu une balle dans la tête, qui lui a coupé le nerf optique. Est irrémédiablement aveugle. — *19 février 1915.*

Renou (Henri), sapeur, compagnie du génie 4/2 : s'est avancé bravement en tête de sape sous un feu violent d'artillerie. A été enseveli par l'explosion d'un projectile qui lui a occasionné des blessures graves et entraîneront probablement la perte de la vue. — *27 mars 1915.*

Riou (I.-II.), canonnier de 2º classe à la 7º batterie du 28º régiment d'artillerie : très bon soldat, ayant fait preuve du plus grand dévouement. A été blessé grièvement par des éclats d'obus A perdu les deux yeux. — *16 juin 1915*

Roget (A.-J.), sapeur mineur au 7º bataillon du génie, 1ʳᵉ compagnie, matricule 535 : le 8 janvier 1915, a été grièvement blessé en travaillant à l'organisation d'un entonnoir sous un feu violent de mitrailleuses et un tir continu de bombes Est devenu aveugle A toujours fait preuve du plus grand courage depuis le début de la campagne; il ne s'en est pas départi après son affreuse blessure. A un camarade qui le plaignait de son état, il dit un jour en souriant : « Que veux-tu! La guerre, ça ne se fait pas à coups de casquettes. » — *20 avril 1915.*

Rouvreau (Gabriel), caporal au 101º régiment d'infanterie, matricule 13242 : depuis le 25 août a fait preuve, comme agent de liaison et comme caporal, des plus grandes qualités d'endurance, de sang-froid et de dévouement A eu les deux yeux crevés par un projectile, a fait preuve d'un courage admirable, et est resté parmi ses camarades (en raison de l'encombrement des boyaux) sans une plainte, rassurant même ceux qui s'intéressaient à lui. — *16 juin 1915.*

Rozier (Edouard), sergent réserviste au 102e régiment d'infanterie : détaché avec sa section comme soutien d'artillerie, le 31 août 1914, a maintenu ses hommes sous un feu violent d'artillerie allemande. A été grièvement blessé par un éclat d'obus. A perdu la vue. — *17 mai 1915.*

Sablé (J.-E.), soldat de 2e classe à la 1re compagnie du 80e régiment d'infanterie : courageux soldat qui a été blessé en septembre, en faisant partie d'une patrouille d'avant-garde A perdu l'œil droit et se trouve, en outre, atteint de cécité presque absolue. — *7 juin 1915.*

Saint-Marty (J.-L), soldat de 2e classe au 143e régiment d'infanterie, matricule 5572 : belle attitude au feu Blessé très grièvement le 20 août 1914, est devenu complètement aveugle à la suite de sa blessure — *29 juillet 1915.*

Suquet (H.-L.), caporal au 59ᵉ régiment d'infanterie : a été atteint le 25 août d'une blessure grave qui a entraîné la perte des deux yeux. — *2 février 1915.*

Talleux (Constant), soldat de 2ᵉ classe au 82ᵉ régiment d'infanterie, matricule 012889 : a bravement fait son devoir en toutes circonstances. Grièvement blessé le 17 septembre 1914, a perdu presque complètement la vue. — *15 juin 1915.*

Terrade (Jules), soldat au 49ᵉ régiment d'infanterie, nᵒ matricule 5184 : le 4 décembre, étant aux tranchées de première ligne, a été atteint d'un éclat d'obus qui a occasionné une cécité complète. — *2 février 1915.*

Thorent (J.), soldat au 53ᵉ régiment d'infanterie : a fait preuve de courage au combat du 2 décembre, où il a été grièvement blessé. A perdu la vue. — *7 juin 1915.*

Tricaud (Joseph), soldat de 1ʳᵉ classe au 24ᵉ régiment d'infanterie, matricule 3559 : a été blessé le 4 novembre, a perdu l'œil droit et a l'œil gauche complètement atrophié. — *22 avril 1915.*

Vicart (Octave), soldat de 2ᵉ classe, réserviste au 2⁵4ᵉ régiment d'infanterie, matricule 0516 : excellent soldat qui, depuis le debut de la campagne, a fait preuve d'entrain et de courage en toutes circonstances Blessé grièvement d'une balle à la tête le 8 avril 1915, à son poste d'observateur dans la tranchée. Perte totale de la vue — *26 mai 1915.*

Vigneron (E.-L.-J.), soldat de 2ᵉ classe à la 18ᵉ compagnie du 277ᵉ régiment d'infanterie, matricule 2445 : au combat du 20 août, a été atteint de plusieurs blessures à la face, pouvant entraîner la perte de la vue. Tres bon soldat, ayant fait preuve d'une belle attitude au feu — *16 juin 1915.*

CITATIONS A L'ORDRE DE L'ARMEE

Jugay (Jean-Marie), soldat de 2ᵉ classe au 120ᵉ régiment d'infanterie . grenadier d'une bravoure exceptionnelle, a fait reculer les Allemands avec ses grenades et pétards en leur infligeant des pertes Grièvement blessé aux deux yeux par une bombe ennemie. — *17 juin 1915.*

11

Noël (Henri), adjudant au 167ᵉ régiment d'infanterie, matricule 775 : a vigoureusement entraîné sa section à l'attaque d'une tranchée ennemie dont il s'est emparé. A été blessé grièvement aux deux yeux au moment où il s'élançait pour refouler une contre-attaque ennemie. Chef remarquable, a déjà été blessé plusieurs fois depuis le début de la campagne sans avoir jamais voulu abandonner son poste sur la ligne de feu. — *17 juillet 1915.*

TABLE DES MATIÈRES

342 15 — Coulommiers Imp PAUL BRODARD — 9 15

www.ingramcontent.com/pod-product-compliance
Lightning Source LLC
Chambersburg PA
CBHW072221270326
41930CB00010B/1950